Facebook + Twitter 販促の教科書

高橋暁子 著

SE SHOEISHA

本書内容に関するお問い合わせについて

このたびは翔泳社の書籍をお買い上げいただき、
誠にありがとうございます。
弊社では、読者の皆様からのお問い合わせに適切に対応させていただくため、
以下のガイドラインへのご協力をお願い致しております。
下記項目をお読みいただき、手順に従ってお問い合わせください。

●ご質問される前に

弊社Webサイトの「正誤表」をご参照ください。
これまでに判明した正誤や追加情報を掲載しています。

正誤表　http://www.seshop.com/book/errata/

●ご質問方法

弊社Webサイトの「出版物Q&A」をご利用ください。
出版物Q&A　http://www.seshop.com/book/qa/

インターネットをご利用でない場合は、FAXまたは郵便にて、
下記"翔泳社編集部読者サポート係"までお問い合わせください。
電話でのご質問は、お受けしておりません。

●回答について

回答は、ご質問いただいた手段によってご返事申し上げます。
ご質問の内容によっては、回答に数日ないしはそれ以上の期間を要する場合があります。

●ご質問に際してのご注意

本書の対象を越えるもの、記述個所を特定されないもの、また読者固有の環境に起因するご質問等
にはお答えできませんので、予めご了承ください。

●郵便物送付先およびFAX番号

送付先住所　〒160-0006　東京都新宿区舟町5
FAX番号　03-5362-3818
宛先　（株）翔泳社　編集部読者サポート係

※本書に記載されたURL等は予告なく変更される場合があります。
※本書の出版にあたっては正確な記述につとめましたが、著者や出版社などのいずれも、本書の内容
に対してなんらかの保証をするものではなく、内容やサンプルに基づくいかなる運用結果に関して
もいっさいの責任を負いません。
※本書に掲載されているサンプルプログラムやスクリプト、および実行結果を記した画面イメージな
どは、特定の設定に基づいた環境にて再現される一例です。
※本書に記載されている会社名、製品名はそれぞれ各社の商標および登録商標です。

はじめに

　本書を手に取った方なら、「ソーシャルメディアをビジネスに活用して売上を伸ばしたい」と思っているはずです。実際、多くの企業やビジネスパーソンがビジネス目的で参入して、高い効果を上げています。

　しかし同時に、失敗事例も多く耳にします。作ってはみたもののユーザーからほとんど反応がもらえないなどはざらにあり、中には、誤ったやり方で販促を行った結果、テレビや新聞などのメディアで騒がれてしまい、逆に販促にマイナスになってしまった例まであります。

　販促にソーシャルメディアを活用するメリットは数多くあります。積極的に取り組みたいところですが、成功のためにはいくつかの重要な注意点を守らねばなりません。例えば、ソーシャルメディアならではのルールやマナーを破ると効果は上がりませんし、業種や商品、サービスによっての向き不向きも掴んだうえで取り組む必要があります。

　本書では、Facebook、Twitterをはじめ、ブログや動画共有サービス、位置情報サービスなどの販促での使い方を解説していきます。ECサイトとの連動や集客の促進、ブランディング、商品やサービス改善、サイト誘導、顧客サポートなど、目的に沿った各ソーシャルメディアの実践手法を詳しく学べます。さらに、躓きがちな運用の勘所や効果測定の方法も押さえています。

　基礎知識や注意事項を掴んで、正しく実践することで、ソーシャルメディア販促の効果が上がります。本書を参考にしてソーシャルメディア販促を実践し、ビジネスを成功に導いていただけると幸いです。

2012年2月吉日　高橋　暁子

Facebook + Twitter 販促の教科書

CONTENTS

1 ソーシャルメディアと販促の関係

1.1 ソーシャルメディア販促とは？ … 008
- ソーシャルメディア販促が注目される理由 … 008
- 検索結果にも影響あり … 010
- ソーシャルプラグインによる拡散効果 … 012
- O to O（オーツーオー）という潮流 … 013
- ソーシャルメディアの口コミ力 … 014
- SEOとソーシャルメディア販促の違い … 015
- 販促上の役割 … 016
- Twitterの販促効果 … 018
- Facebookの販促効果 … 020
- ユーザーがファンになる理由 … 023

1.2 ソーシャルメディア販促の注意点 … 025
- ソーシャルメディアでの販促は嫌われる？ … 025
- 広い意味での販促活動が成功の鍵 … 027
- 不満の解消に繋がる使い方 … 029
- 運用コストの考慮 … 030
- ソーシャルメディア"だけ"ではうまくいかない … 032
- ソーシャルメディアの組み合わせ … 034
- 商品・サービスの向き不向き … 036
- 業種の向き不向き … 038

1.3 オウンドメディアの重要性 … 040
- トリプルメディアを知ろう … 040
- オウンドメディアを充実させよう … 041
- オウンドメディアに必要な機能とは？ … 042
- コンテンツはソーシャルメディアと兼用もOK … 043

1.4 各ソーシャルメディアの特徴と向き不向き … 044
- Twitter … 044
- Facebook … 045
- mixi … 046
- Google＋ … 047
- 位置情報サービス … 048
- 動画サービス … 049

2 各ソーシャルメディアの使い方

- 2.1 **Twitterの使い方** ... 052
  - Twitterの主な機能 ... 052
  - アカウントの作成方法 ... 054
  - ツイートの基本操作 ... 056
  - プロフィール作成のポイント ... 059
  - フォローのスタンス ... 060
  - 携帯電話／スマートフォンからの投稿・閲覧 ... 064
  - もっとTwitterを使いこなすためのウェブサービス ... 068
  - ソーシャルプラグインの設置方法 ... 070
- 2.2 **Facebookの使い方** ... 074
  - Facebookの主な機能 ... 074
  - アカウントの作成方法 ... 078
  - 販促に役立つ各種機能 ... 081
  - Facebookページの作成方法 ... 083
  - 携帯電話／スマートフォンからの投稿・閲覧 ... 091
  - インサイトの利用方法 ... 094
  - おすすめのFacebookアプリ ... 098
  - ソーシャルプラグインの種類 ... 100
  - ソーシャルプラグインの設置方法 ... 104
- 2.3 **位置情報サービスの使い方** ... 107
  - 位置情報サービスの種類 ... 107
  - ロケタッチの使い方 ... 107
- 2.4 **動画サービスの使い方** ... 115
  - 動画サービスの販促効果 ... 115
  - YouTubeの使い方 ... 115
  - USTREAMの使い方 ... 121

3 ECサイトとの連携とサイト誘導

- 3.1 **ECサイトとの連動** ... 128
  - 連動のポイントと注意点 ... 128
- 3.2 **ECサイト連動の実践手法** ... 133
  - Twitterによる実践手法 ... 133
  - Facebookによる実践手法 ... 137
  - 動画の効果 ... 141
- 3.3 **サイト誘導のテクニック** ... 144
  - サイト誘導とは ... 144
  - サイト誘導のポイントと注意点 ... 146
  - Twitterによる実践手法 ... 147
  - Facebookによる実践手法 ... 148

4 実店舗への集客

- 4.1 ソーシャルメディアの集客効果とは ... 150
  - 集客のポイントと注意点 ... 150
- 4.2 集客の実践手法 ... 156
  - Twitterのイベントを活用 ... 156
  - チェックインクーポンを活用 ... 157
  - 動画サービスで店舗の魅力を伝える ... 158
  - 集客と相性がいい位置情報サービス ... 158

5 ブランディングと広告

- 5.1 ブランディングとソーシャルメディア ... 164
  - ブランディングとは ... 164
  - ブランディングのポイントと注意点 ... 165
- 5.2 ブランディングの実践手法 ... 168
  - Twitterによる実践手法 ... 168
  - Facebookページでのブランディング ... 172
  - 動画サービスとブランディング ... 175
  - 位置情報サービスとブランディング ... 176
  - ブログを使ったブランディング ... 176
- 5.3 ソーシャルメディアの広告活用 ... 178
  - Facebook広告の種類 ... 178
  - Twitterの広告 ... 182

6 顧客サポート

- 6.1 顧客サポートとソーシャルメディア ... 184
  - 顧客サポートとは ... 184
  - 顧客サポートのポイントと注意点 ... 185
  - コミュニケーションの取りやすいツールを選択 ... 187
- 6.2 商品・サービスへの反映と改善 ... 189
  - ユーザーの声の役割 ... 189
  - Twitterで意見を集うなら「おけったー」 ... 191
  - Facebookの「クエスチョン」を活用 ... 192
  - ソーシャルメディアを活用した商品開発事例 ... 193

7 運用手法と効果測定

- 7.1 ソーシャルメディア運用のテクニック ... 198
  - 運用前の準備 ... 198
  - ファンを増やすための告知方法 ... 205
  - "フォロワーやファンは多いほうがよい"は嘘 ... 208
- 7.2 費用対効果の測定 ... 210
  - 費用対効果測定の重要性と課題 ... 210
  - コストを見積ろう ... 211
  - 目標設定と効果測定 ... 212
  - 測定ツールの紹介 ... 216

1 ソーシャルメディアと販促の関係

ソーシャルメディアを使った販促が各所で注目を集めています。その理由はいったいどんなところにあるのでしょう。ここではソーシャルメディアと販促の関係や効果について、データを交えて紹介します。

1.1 ソーシャルメディア販促とは？

なぜソーシャルメディア販促を行う必要があるのでしょうか。まずは、販促にソーシャルメディアを使う意義や、ソーシャルメディア販促で得られる効果を知りましょう。

ソーシャルメディア販促が注目される理由

「販促」と言えばどんなものを思いつくでしょうか。一般的には、テレビや新聞・雑誌などのメディアを使ってCMなどを打ったり、店頭や街頭などでキャンペーンを行ったり、サンプル品を配ったり、ダイレクトメールや電話などを使った宣伝活動などを思い浮かべるかもしれません。近年では、これらの販促活動に加えて新たに「ソーシャルメディア※を使った販促」が加わりました。

ソーシャルメディアを使った販促活動は、大手企業はもちろん、中小企業や個人事業を営んでいる人まで、各所で注目を集めています。

その最大の理由は、**ソーシャルメディアへのアクセス数、トラフィック※が増え続けている**ためです。

※ ソーシャルメディア
オンライン上でユーザーや情報をやり取りすることによって成り立つメディアの総称。SNS、ブログ、ソーシャルブックマーク、動画共有サイトなどが該当する。

※ トラフィック
ネット上を移動するデータ量のこと。

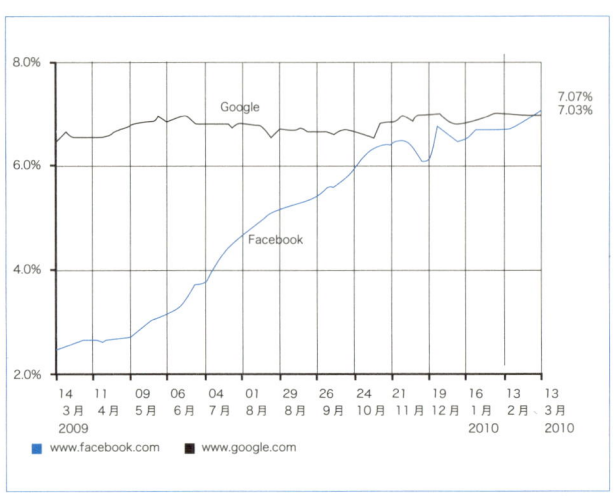

FacebookとGoogleのアクセス数推移（出典：Hitwise）

2010年3月15日、Facebookが検索大手Googleを抜いて米国で最もアクセスの多いウェブサイトになりました。調査会社Hitwiseによると、2010年3月第2週の米国のウェブトラフィックにおけるGoogleのシェアが7.03％なのに対し、Facebookは7.07％でした。さらにFacebookの過去1週間のトラフィックは前年同期と比べて185％増えており、同じ期間のGoogleのトラフィックの伸び率は9％に過ぎませんでした。**時代は「検索」から「ソーシャル」になりつつある**のです。

さらに、2011年8月度のニールセン・インターネット視聴率※の発表では、Twitterの利用者数は1,496万人（前月比100％）、Facebookも1,000万人の大台を突破して1,082万人（同114％）まで増えていることがわかりました。なお、Twitter訪問者数には専用クライアント（TweetDeck※やHootsuite※など）からのアクセスは含まれていないため、実際のユーザー数はさらに多くなります。

滞在時間についても数字を延ばしていて、Twitterの平均利用時間は前月比101.6％、Facebookは同126％アップという結果でした。

企業サイトやメディアサイト、ポータルサイトのユニークビジター数※**が減る一方で、ソーシャルメディアのユニークビジター数は増え続けている**ことを踏まえると、ソーシャルメディアの販促活用は効果があるように思えます。

ちなみに、日本最大のSNS※であるmixiについても同じ数字を確認すると、利用者数は1,492万人（前月比106％）、総利用時間は15億9,200万分（前月比106.2％）であり、ほかのSNSを圧倒しています。mixiではmixiページ※以外は検索対象とはならないものの、販促に利用する価値は十分ある数字と言えるでしょう。

※ ニールセン・インターネット視聴率
米マーケティング会社ニールセンによるウェブサービスごとのアクセス数やトラフィックなどに関する調査のこと。

※ TweetDeck
http://www.tweetdeck.com/

※ Hootsuite
http://hootsuite.com/

※ ユニークビジター数
ある期間の訪問者数。複数回の訪問も一人として数える。

※ SNS
Social Networking Serviceの略。コミュニケーション機能を有するサービス全般を指す。mixiやFacebook、GREEなどさまざまなサービスが含まれる。

※ mixiページ
mixi初の外部に向けた情報発信ができる機能。企業なども無料でビジネスに利用することができる。

1 ソーシャルメディアと販促の関係

	利用者数 (千人)	前月比	リーチ率 (%)	総利用時間 (百万分)	前月比	平均利用時間 (分)
mixi	14,917	106.3%	23.5	1,592	106.2%	107
Twitter	14,969	100.3%	23.6	435	101.6%	29
Facebook	10.827	113.9%	17.1	530	141.7%	49
Google+	166	182.4%	0.3	1	-	6

2011年8月の各サービスの利用者数比較

	日本の平均利用時間(分) 2011年8月	世界の平均利用時間(分) 2010年2月、10カ国平均
mixi	107	-
Twitter	29	37
Facebook	49	352
Google+	6	-

各サービスの平均利用時間比較　　　　　　　　　　（出典：Neilsen/NetRating Netview）

検索結果にも影響あり

　ソーシャルメディアには、ユーザー数のほかにも、見逃せないメリットがあります。それは「検索ランキング」への効果です。検索エンジンとソーシャルメディアの関係も確認しておきましょう。

　GoogleやBing※などの検索エンジンでは、TwitterやFacebookからツイートやリツイート、シェアなどを通じてほかのサイトと繋がっているリンクが多いほど、検索結果の上位に表示されることがわかっています。さらにBingの場合は、ソーシャルメディアにおいて友達の数が多かったり、多くの人にフォローされているアカウントが、検索結果の上位に表示される仕組みを採用しています。

　つまり、**ソーシャルメディアでの振る舞いは、検索結果の上位に表示される確率を高める**のです。もし検索エンジンからより多くのトラフィックを獲得したいなら、ソーシャルメディアを使いこなすことが重要となります。

　具体的には、

※ Bing
Microsoftが提供する検索サービス。http://www.bing.com/

> - さまざまなSNSに積極的に参加し、存在感を高める
> - SNSで共有・シェアをしてもらえるよう、サイトを最適化する
> - コンテンツを共有してもらうよう働きかける

などを行います。

なお、2010年3月に発表されたThe Register※の調査では、パーソナライズ※されているのはGoogle検索の約20%だけであると報告しています。つまり、**従来のSEO※対策とソーシャルメディア対策の両方を行うことが、検索結果の上位に表示される秘訣**です。

2012年1月には、Googleが検索結果に自社のSNS「Google＋」の内容を反映させる「Search plus Your World」を開始しており、ソーシャルメディアにおける行動はさらに重要性を増しています。

※ The Register
http://www.theregister.co.uk/

※ パーソナライズ
全員に同じコンテンツを提供するのではなく、利用者を特定し、その属性や行動に合わせたサービスを提供すること。Googleの検索結果も、一部個人の検索履歴やGoogle+内の情報を反映させた結果となっている。

※ SEO
Search Engine Optimizationの略。検索エンジンで上位に表示れるように最適化する手法のこと。

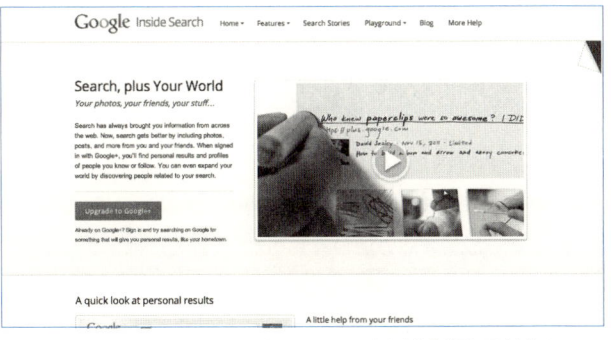

「Search plus Your World」の説明ページ。Google＋の内容も検索結果に反映される

ネット通販会社はもちろん、ウェブページで受注している企業や個人商店にとっても、検索結果の上位に表示されることはダイレクトに売上に繋がるはずです。

また、そもそも検索してサイトを訪問するユーザーは能動的であり、質の高い見込み顧客です。当然、購買客となってくれる確率も高くなっています。**ソーシャルメディアを使うことが直接売上に繋がることは少ない場合でも、結果として検索結果の上位に表示されれば、それ自体が販促に繋がっている**のです。

なお、自分や企業ページの存在感を高めるには、フォロワーや友

達の数を増やすことが有効です。これによって、たとえ同名・類似したアカウントやFacebookページがあったとしても、上位に表示されるようになります（P.173参照）。

キーワードを入力して検索するユーザーは能動的

ソーシャルプラグインによる拡散効果

　コンテンツをSNS内で共有・シェアしてもらうためには、**ソーシャルプラグイン**、つまりツイートボタンやシェアボタン、「いいね！」ボタンなどを設置する方法が有効です（設置方法は2章を参照）。これらの機能が付いているかいないかで、ツイートやシェアされる確率がまったく変わります。

　コンテンツをソーシャルメディアで共有・シェアしてもらうためには、共有・シェアしたくなるような優良なコンテンツにすることは当然として、友達やファンへのお願いや、積極的なソーシャルプラグインの利用、キャンペーンなどを行うことが有効でしょう。ソーシャルメディアの最適化はとても大切なことなので、改めて詳述しています。P.207なども参照してください。

O to O（オーツーオー）という潮流

オンラインショッピングは、実店舗などを含めたすべてのショッピングに対して約10％程度の売上規模にすぎません。売上的には小さいにも関わらず、企業がユーザーのオンライン上の行動に強い関心を集めているのはなぜでしょうか。それは、「O to O（オーツーオー）」という潮流が影響しています。

O to O（オーツーオー、O2O）はOnline to Offlineの略で、オンライン上の口コミや価格情報などを確認してから実際の店舗で商品を購入するといった、ネット上（オンライン）の情報が実店舗（オフライン）の購買活動に影響を及ぼすことを表す概念のことです。

この概念自体は、特に新しいものではありません。例えば、オンライン上でカカクコム※に代表される口コミサイトで価格・レビュー情報・商品の詳細などを調べてから、実際の店舗で実物を確認してから買うという行動は、インターネットの利用が当たり前となった現在、すでに一般化したと言っても過言ではないでしょう。どこでもオンライン（インターネット）にアクセスできるスマートフォンの普及もこの傾向に拍車をかけており、実店舗でもオンラインの消費者動向を無視できなくなってきました。

2007年に発表された、調査会社JupiterReseachの予測によると、米国内でオンラインでの情報に影響を受ける実店舗での売上総額は年間12％のペースで増え続け、2011年には1兆ドル規模に達すると言われています。

また、ぐるなび※食べログ※などの口コミ・クーポン系サービスや、グルーポン※のような共同購入サービスなど、オンラインで掴んだ顧客を実店舗に足を運ばせるサービスも、O to Oに該当します。これらのサービスの特徴は、**これまで「実店舗ビジネスは立地がすべて」と言われてきた中で、たとえ立地が悪くても顧客に足を運ばせる手段ができた**ということです。実店舗でも、立地以外の部分で勝負できる時代が来たのです。

日本では無印良品の事例が有名で、TwitterやFacebookなどで割引クーポンを発行し、実店舗に足を運ばせるキャンペーンを行っています（P.135参照）。このように、オンライン上でクーポン

※ カカクコム
http://kakaku.com/。さまざまな商品の価格比較サイト。

※ ぐるなび
http://www.gnavi.co.jp/。飲食店に関する情報サイト。

※ 食べログ
http://tabelog.com/。ランキングと口コミで探せるグルメサイト。

※ グルーポン
http://www.groupon.jp/。飲食クーポン共同購入サイト。

や割引、プレゼントなどを実施し、実店舗で受け取る仕組みも、OtoOに当たります。実店舗型の企業やサービスは、この仕組みを一度は検討する価値があるでしょう。

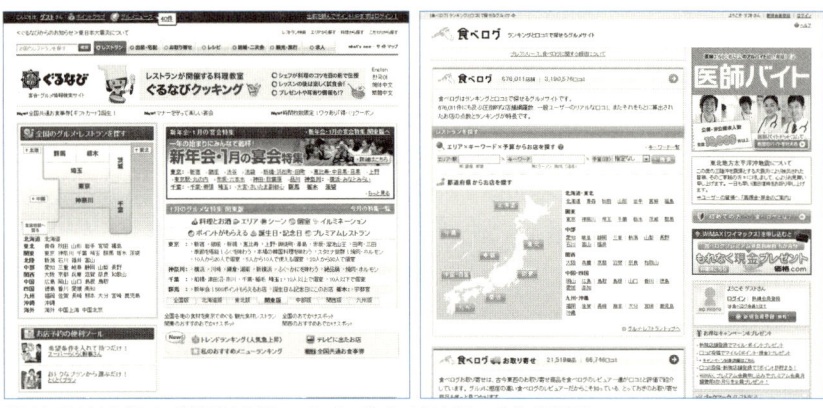

「ぐるなび」(左)や「食べログ」(右)のような口コミ・クーポンサービスも「OtoO」に該当する

ソーシャルメディアの口コミ力

上記のようにアカウントを持って運用するだけでも効果がありますが、口コミとなるとさらに強力な影響が出ます。

電通ソーシャルメディアラボの調査によると、ソーシャルメディ

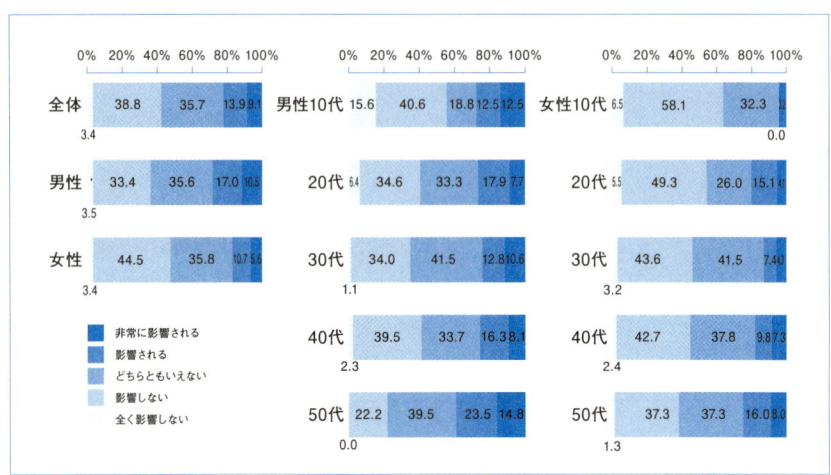

購買に影響を与える口コミの割合（出典：電通ソーシャルメディアラボ）

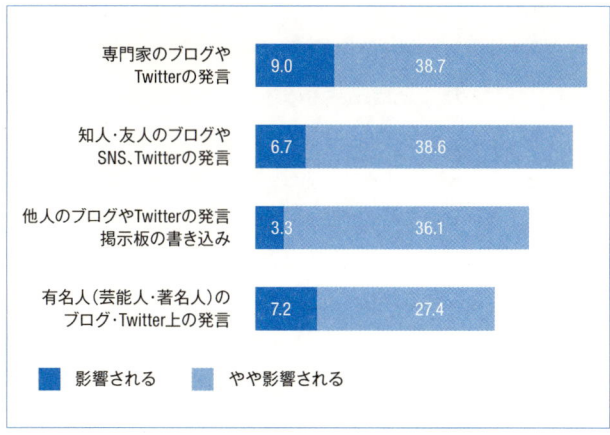

購買に影響を与える口コミの種類の内訳（出典：電通ソーシャルメディアラボ）

　ア上の口コミによって購買に影響を受けている人はインターネット利用者全体の42％にも上ります。特に「専門家のブログやTwitterの発言」（48％）、「知人・友人のブログ・SNS、Twitterの発言」（44％）が強い影響を与えているようです。

　さらに40％以上が「友人・知人が企業やブランド・商品を褒める書き込みを読んだ」経験があり、「その書き込みを読んで自身も共感」した人が約35％、「書き込みを読んで商品購入」した人が約26％と、実際に購入に繋がることも多く、ソーシャルメディアにおける口コミが販促に高い効果があることがわかります。手軽に始められてこれだけの効果が期待できるのですから、やらないわけにはいかないという気になります。

　ただし、口コミはプラスの方向だけでなく、マイナスの方向にも働くこともあります。「友人・知人が企業やブランド・商品を批判する書き込みを読んだ経験がある」と回答した割合は約35％で、読んだ後にそのブランドや商品に対するイメージが悪化したり、購入・利用の中止した経験がある人が約20％もいることがわかっています。**ソーシャルメディアを使って炎上を防ぐことは、購入・利用の停止などのマイナスを防ぐためにも重要**なのです。

SEOとソーシャルメディア販促の違い

　マーケティングのためには、SEOとソーシャルメディア販促とどちらに取り組んだ方が効果が高いのかと考える方もいるでしょう。

　SEOとソーシャルメディア販促は、それぞれ目的が違います。

　SEOは、ユーザーがまさに何かを求めて検索したときに見つかること、ソーシャルメディア販促は、新たな出会いや情報の共有が目的となります。後者の場合、ユーザーは何かを求めているわけではありませんが、出会いによって欲求が喚起されて、購入などに繋がったり、情報を共有したりするわけです。

　つまり、検索は直接的な購入・注文などに繋がりやすいのです。一方ソーシャルメディア販促は直接的な購入・注文ではなく、その前段階の見込み客へのリーチや欲求喚起などに役立つというわけです。その結果直接的な購入・注文などに繋がったり、共有によって知らなかった誰かに知ってもらえることにも繋がります。

　どちらが重要でどちらが重要ではないということはありません。総合的な対策や販促、組み合わせが重要と言えるのです。

販促上の役割

　ここまで紹介したデータなどで、ソーシャルメディアが注目されていることは理解できたかと思います。では、ソーシャルメディアはどんな種類の販促活動に使えるのでしょうか。究極の目的は販売ですが、直接販売する以外にも、大きな意味では販促に繋がるさまざまな効果が期待できます。

各ソーシャルメディアの利用状況

　NTTレゾナント／ループス・コミュニケーションズが、ソーシャルメディアの公式アカウントを保有し、通常業務で運用する立場にある企業の担当者を対象に「企業におけるソーシャルメディア活用状況」に関する調査した、「第3回『企業におけるソーシャルメディア活用状況』に関する調査結果」によると、企業が公式アカウントを持って運用しているソーシャルメディアは、上位から、YouTube

(54.6%)、ブログ(53.6%)、Twitter(42.9%)、Facebook(26.3%)、mixi(22.2%)となりました。現在では無料でビジネスに活用できるmixiページのサービスが始まったので、もう少しmixiの割合が増えていると考えられます。

企業にとってソーシャルメディアの運用目的は、**ブランディング（企業全体・個々の従業員・特定製品やサービス）、キャンペーン利用、サイト誘導、顧客サポート、EC連動、広報活動、採用活動、製品・サービス改善（顧客の声を取り入れる）**などとされています。つまり、これだけの目的で利用可能ということなのです。

ソーシャルメディアの種類にかかわらず、運用目的の上位3位は「広報活動」、「企業全体のブランディング」、「キャンペーン利用」が占めました。また、「製品・サービス改善（顧客の声を取り入れる）」もすべてのメディアで増加しており、顧客との対話を通して満足度を上げたいという考えがわかります。

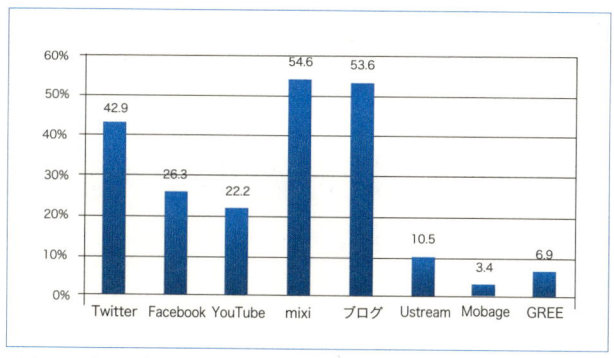

ソーシャルメディアの活用割合
（出典：NTTレゾナント／ループス・コミュニケーションズ）

1 ソーシャルメディアと販促の関係

	1位	2位	3位						(%)
	Twitter	Face book	mixi	You Tube	ブログ	Ustream	Mobage	GREE
企業全体のブランディング	31.6	38.1	23.7	21.2	36.5	24.4	29.4	32.1
個々の従業員のブランディング	16.2	20.0	17.1	8.9	18.2	13.3	23.5	14.3
特定製品やサービスのブランディング	18.2	20.0	7.9	21.9	17.6	17.8	11.8	7.1
キャンペーン利用	31.6	24.8	21.1	23.3	25.0	26.7	29.4	28.6
サイト流入増加	21.3	18.1	14.5	7.5	20.3	8.9	29.4	14.3
顧客サポート	12.3	17.1	15.8	10.3	16.2	17.8	23.5	14.3
EC連動	8.7	8.6	3.9	6.8	8.8	11.1	23.5	14.3
広報活動	41.1	40.0	28.9	38.4	43.2	51.1	35.3	25.0
採用活動	5.5	7.6	2.6	2.7	5.4	4.4	17.6	14.3
製品・サービス改善（顧客の声を取り入れる）	19.4	19.0	21.1	16.4	17.6	13.3	23.5	21.4
その他	0.4	0.0	0.0	0.0	0.0	0.0	0.0	0.0

ソーシャルメディアの運用目的（出典：NTTレゾナント／ループス・コミュニケーションズ）

Twitterの販促効果

　ここからは個別のソーシャルメディアについて、その効果を見ていきましょう。まずは日本人にとって利用しやすいソーシャルメディア「Twitter」を取り上げてみます。

　Twitterではどんな販促効果が得られるのでしょうか。それがわかる、こんな調査結果があります。

　スパイア社が2010年に行った「ツイッターの宣伝効果に関するアンケート」[※]によると、「有名人のツイートを1人以上フォローしている」が65.0%、「企業のツイートを見たことがある」が72.8%で、「商品・サービス自体のツイートを見たことがある」が33.3%という結果となりました。また、**ツイートによって購買に繋がった理由は、「企業のツイート」の閲覧が17.5%、「商品自体のツイート」が9.6%、「有名人のツイート」が9.3%**となっています。つまり、Twitterは購買の動機付けに一定の効果があることがわかります。

※「ツイッターの宣伝効果に関するアンケート」
詳しい調査結果は
http://www.spireinc.jp/news/2010122802.pdfを参照。

キャンペーン応募やブログ誘導もTwitterで

　シックス・アパート社が2011年に行った「ソーシャルメディアの商用利用に対する意識調査」によると、Twitterキャンペーンに応募したことがあるユーザーは58.8％、2回以上応募したことがあるユーザーも47.3％となりました。**Twitterユーザーはキャンペーン応募に対して積極的であるだけでなく、リピーターも多いため、キ**ャンペーンで活用するならぜひ使いたいソーシャルメディアであることがわかります。

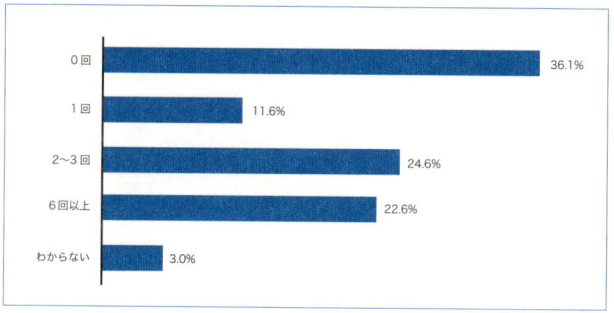

企業のTwitterキャンペーンに参加した回数（出典：シックス・アパート）

　ちなみにTwitterには及ばないものの、Facebookでも、企業のFacebookページで「いいね！」ボタンをクリックしたことがあるユーザーは55.2％で、キャンペーン応募経験者は26.5％でした。Facebookユーザーは増え続けていて、企業ページも次々と生まれています。今後さらに高い効果が期待できるようになるはずです。

　また、企業のブログを知ったきっかけについて、1位が「企業Webサイトから」（73％）、2位は「ソーシャルメディアから」（38.9％）、3位「検索から」（30.4％）でした。**検索よりもソーシャルメディア経由で知った方が多い、つまりブログへの誘導にも高い効果がある**ことがわかります。ソーシャルメディアを窓口にして、ブログでしっかりと伝えたい情報を伝えることができるようになるのです。

Facebookの販促効果

日本でも急速にユーザー数を増やしているFacebookでは、すでに多くの企業がFacebookページ※を用意しています。

Facebookページの効果については、半信半疑という方もいるでしょう。しかし、企業Facebookページ閲覧はユーザーに大きな影響を与えるという調査結果があります。

例えばIMJモバイルが行った「Facebookに関する企業とユーザーの意識調査」によると、企業Facebookページを閲覧した後に、ユーザーは図のような行動を取るという結果が出ています。

Facebookページには、企業や経営者、ビジネスパーソンなら見逃せない効果があることがよくわかります。

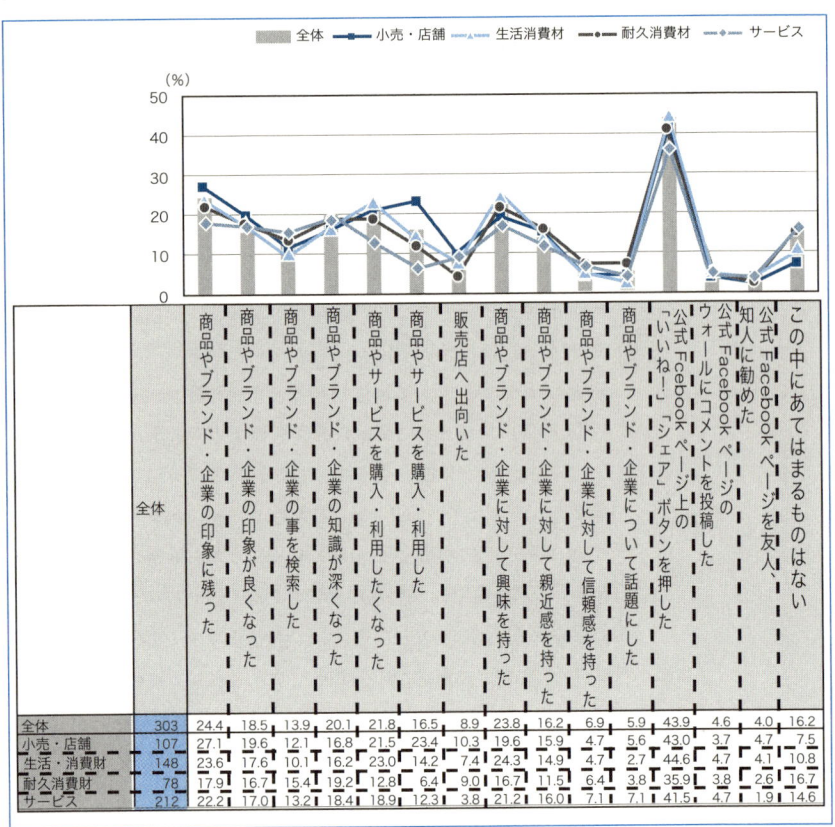

企業Facebookページ閲覧後の態度変容（複数回答）（出典：IMJモバイル）

ページのコンテンツを充実させたり、自社や自社製品・サービスの魅力や情報を正しく伝えたり、ユーザーとコミュニケーションをとることで、これらの効果を得られる可能性があるのです。

さらに、米ヒューストンのケーキショップ「Dessert Gallery（以下DG）」がFacebookページの効果測定した、こんな調査結果もあります※。DGが、Facebookでファン登録している顧客、Facebookユーザーでファン登録をしていない顧客、Facebookを利用していない顧客の3パターンに分け、店舗評価や購買行動などについて電子メールで質問調査をしたところ、

※ こんな調査結果があります
In the looops：http://blogs.itmedia.co.jp/saito/2010/02/facebook-7d80.htmlの記事が詳しい。

※ 顧客の属性別スコア比較
このポイントは、同店に対する来店頻度、利用総額、口コミ、愛情などをスコア化したもの。

顧客の属性別スコア比較※	
Facebookでファン登録している顧客	75ポイント
Facebookユーザーだがファン登録をしていない顧客	66ポイント
Facebookを利用していない顧客	53ポイント

という結果が出ました。

2回とも返信があり、かつFacebookファンになった283人（全登録件数の2.1％）の顧客は、ほかの顧客よりDGに20％多く来店し、購入総額も多く、Facebook上で同店に関するポジティブな口コミを多く発信していたうえ、同店に対する愛情度スコアも4点満点で3.4点と、ほかの顧客の平均3.0点を上回っていました。つまり、ロイヤルカスタマーということがわかったのです。

この効果は、必ずしもFacebookだからが理由とは限りません。それぞれのソーシャルメディアで友好的な関係を築き、コミュニケーションを続けることで、顧客はロイヤルカスタマーとなり、実際に来店・購買行動を起こしてくれる可能性があります。そのうえ、口コミによるバイラル効果という嬉しい効果も期待できるのです。

もちろん、この事例はDGだけの話ではありません。Syncapse社が米国のブランドに対して行ったソーシャルメディア調査によると、多くの企業でFacebookページのファンに対して次のような経済的価値が見られました※。

※ 経済的価値が見られました
金額や数値は調査した各ブランドの平均値。調査の分析については、ガイアックスソーシャルメディアラボのブログ記事（http://gaiax-socialmedialab.jp/facebook/045）が詳しい。

1 ソーシャルメディアと販促の関係

> Facebookページのファンは、ファンではない人たちと比べると$71.84も多く支払う
>
> 28%のファンが、そうではない人々よりもそのブランドを継続して使い続ける
>
> 41%のファンが、そうでない人々よりも友人にその商品をすすめる

　米マクドナルドで非Facebookファンではない人たちが$150.39利用していたのに対して、Facebookファンは$310.18を使っていました。同様に、米スターバックスでは非Facebookファンが$110.95に対してFacebookファンは$235.22、米コカ・コーラでは非Facebookファンが$120.9に対してFacebookファンは$190.48など、Facebookファンは非Facebookファンよりロイヤリティが高いという結果が出たのです。

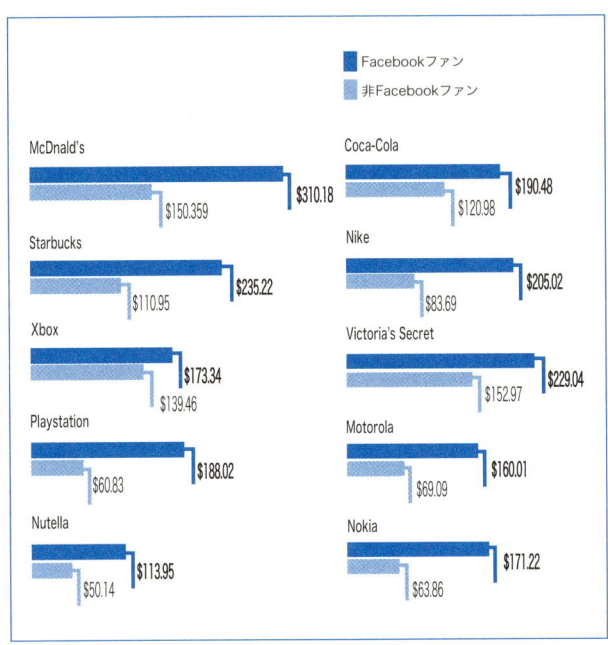

ブランド別のロイヤリティ比較（出典：SYNCAPSE）

ユーザーがファンになる理由

ユーザーは、何を求めてFacebookページのファンになったり、Twitterアカウントのフォロワーになるのでしょうか。

PR TIMES社が「Facebookの利用動向調査」で、企業やブランドのFacebookページに「いいね！」をした動機とFacebookページに求めていることについて聞いたところ、次のような結果となりました。

無料を含むディスカウントやセール情報などのプロモーション情報を受け取るため	48.2%
ただ楽しむため、エンターテインメントのため	29.4%
これから出る製品についての情報を知るため	23.9%

その他、「ここだけのコンテンツを入手するため」が12.3%となっており、企業が期待する「企業(ブランド)とのコミュニケーションを図るため」という回答はわずか6.1%という結果になりました。

つまり、お得な情報や楽しい情報、最新情報、ここだけのコンテンツなど、具体的にユーザーにとって実利に結び付く情報が求められているということになります。「お得」「今だけ」という情報は万人に受け入れられるため、シェアやリツイートなどにも繋がり、結果的に多くの販売に繋がる可能性があります。

つまり、基本的には、ソーシャルメディア上に投稿するコンテンツは、ユーザーに好まれたり歓迎される内容である必要があるということなのです。

ユーザーが企業と接する場合、その企業や商品、サービスの利用者であり関心が高い場合がほとんどです。ユーザーは商品やサービスをより安く手に入れたいものですし、ブランド自体のファンの場合は新しい商品にも興味があります。しかし、企業そのものには、よほどの場合でない限り、興味を持っていません。興味を持っているとすれば、「アップルが好き」「ソニーが好き」というロイヤルカスタマーであり、それ以外のユーザーがほとんどであることを知るべきです。

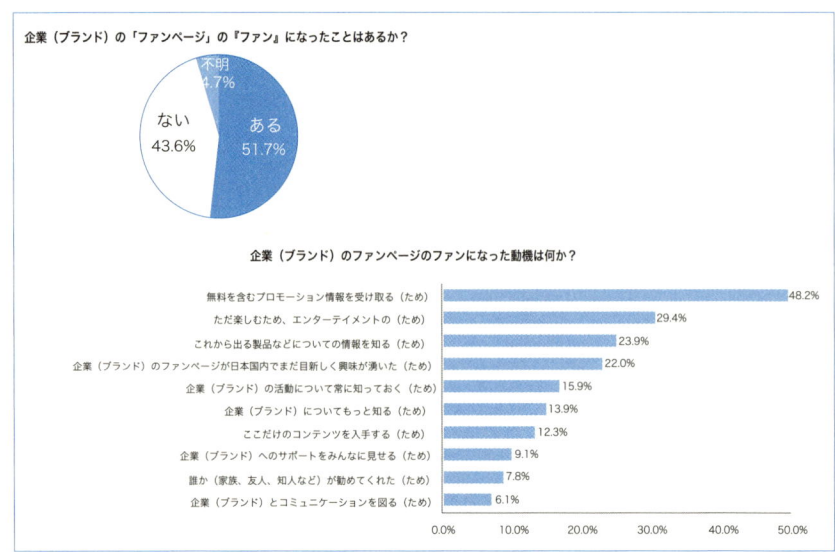

企業（ブランド）ファンページの利用動向（出典：PR TIMES）

　ユーザーとコミュニケーションが取りたい、ましてや商品やサービスを購入してほしいというのはあくまで企業側の視点であり、ユーザーは自分にとって有用な情報を求めているにすぎません。

　逆に言えば、企業はユーザーに有用な情報を出すように心がければいいということになります。それは、安さだったり、新しさだったり、使い方などのハウツーだったり、関連する最新情報だったりとさまざまで、発信内容は異なるのが普通です。

　また、安さだけではなく、便利な商品やサービスの紹介も有用なコンテンツとなります。例えば期間限定の商品やサービス、新しい使い方などです。

　例えば、寒い季節にスマートフォンをはめながら使える手袋を紹介すれば、お役立ち情報として受け入れられます。おやつの時間に美味しいお菓子を伝えることは、コンテンツとして受け入れられます。商品やサービスをコンテンツや有用な情報として伝えることが、嫌みなくユーザーに情報が受け入れられ、販売できるコツなのです。

1.2 ソーシャルメディア販促の注意点

ソーシャルメディア販促を行うにあたっては、さまざまな注意点があります。知らずに始めたら、思わぬトラブルに陥ったり、思ったような効果が上がらないことに繋がりかねません。

ソーシャルメディアでの販促は嫌われる？

ソーシャルメディアの重要性や効果は十分理解いただけたかと思います。しかし、ソーシャルメディア販促をするうえで、忘れてはいけない重要なことがあります。

それは、ソーシャルメディアはそもそも友だち同士など、個人同士がコミュニケーションをするための場だということです。基本的には、**ソーシャルメディアでの販促は嫌われる**と考えた方がいいでしょう。ビジネスを目的とするユーザーは、個人のコミュニケーションの場に参加させてもらっていることを前提とし、そのうえで何ができるのかを考えるべきです。

コミュニティのルールやマナーを侵して個人ユーザーの生活圏であまりに売り込みすぎると、「業者ウザい」と言われてしまい、販促どころか逆に商品やサービス、ブランド自体が敬遠されてしまう可能性もあります。

例えば日本最大のSNSであるmixiでは、以前一部業者による「足あとスパム」が横行しました。これは、気になるニックネームを付けてさまざまなユーザーのページに訪れて"足あと"と呼ばれる訪問履歴を残し、訪問返しをしたユーザーがプロフィール欄などに貼ったURLから購入することを狙ったものです。中にはフィッシング詐欺※やワンクリック詐欺のようなURLもあり、ユーザーの反感を買いました。その後、mixiが仕様変更などの対応をしたため、現在は無関係な足あとは残せなくなっていますが、個人ユーザーを蔑ろにした事例のひとつと言えます。

また、Twitterはビジネスで効果的だということがメディアなどで話題となったため、ビジネス用途のアカウントが急増しました。

※ **フィッシング詐欺**
金融機関などを装ってメールを送り、メールの受信者に実在する偽の企業サイトにアクセスさせて、クレジットカード番号やID・パスワードなどの入力を促し、不正に個人情報等を入手する詐欺行為。

※ **ワンクリック詐欺**
URLなどをクリックすると「サイトに登録したので利用料を支払うように」などのメッセージが表示される詐欺行為。

その多くは、さまざまなユーザーをフォローしてフォロー返しを狙い、宣伝ツイートから購入してもらったり、メッセージで宣伝を行うというものです。Twitterではこのような行為は特に制限されていませんが、しつこい場合はブロックなどされる可能性があります。

Facebookでも、やはり宣伝用のアカウントを作成し、メッセージや友達申請などを過度に行い、販売に繋げようというケースがあります。この場合も、他人の写真を使った実態がないアカウントだったり、投稿が宣伝のみだったりなどしています。

大抵のブログでは、トラックバックやコメント欄のスパム対策として、承認制※、文字認証制※などを採用しています。対策をしないでいると、ほとんどのトラックバックやコメントが宣伝系・アダルト系スパムなどで埋まってしまうためです。同様にソーシャルメディアでも、スパムは横行しているのです。

ソーシャルメディアやブログ上では、このように本来の役割を無視した販促行為が頻繁に行われており、これがユーザーの不審感に繋がっています。これらの行為は販促ではなくスパムであり、**スパムまがいの闇雲な拡散行為は販促には逆効果である**と自覚すべきでしょう。

※ 承認制
トラックバックやコメントに対して、投稿後に作者が確認して承認したものだけを掲載する方法。

※ 文字認証制
システムが表示した文字列をユーザーに入力させることで、botなどの機械的な投稿を防ぐ方法。

真摯なソーシャルメディア販促を行うことが重要

前節で述べたとおり、ソーシャルメディアは現在企業やビジネスマンからも無視できないところにきています。また、次節で詳細を述べますが、ソーシャルメディア販促における成功事例も多数報告されています。

重要なのは、ソーシャルメディア販促でしてはいけないこと、すると効果があることをしっかりと認識したうえで、ユーザーと真摯なコミュニケーションを図ることです。

ビジネスなので費用対効果を求められたり、海外の成功事例に目を奪われたりすることもあるでしょうが、闇雲に行わず、徐々に、認知度、イメージ、顧客満足度などを高めることで結果的に販促に繋げることを考えていくといいでしょう。

広い意味での販促活動が成功の鍵

アジャイルメディア・ネットワークが行った、日本企業におけるTwitterやブログ、mixiやFacebookなどのソーシャルメディア活用調査によると、日本のソーシャルメディアを積極的に活用している企業のトップ10は、日本コカ・コーラ、サントリーホールディングス、ローソン、ユ・エス・ジェイ、パナソニック、アディダスジャパン、セガ、コナミ、カプコン、KDDIとなりました。

これらの企業は、「販促」という言葉を必ずしも狭義では捉えていません。**ソーシャルメディアを使った販促は、必ずしも企業が一方的に宣伝して売ることを意味しないのです。**

ソーシャルメディア販促において顧客は、製品・サービスを購入するだけでなく、周囲の友人に推薦・拡散したり、サービス改善のためのアドバイスをくれたり、一緒に企画や商品アイデアを練ったりしてくれます。結果的にはどれも販売に繋がるため、このようなことすべてが「販促」にあたります。

企業の最終目標は、多かれ少なかれ"売上"にあります。ソーシャルメディアでの販促を成功させている企業が、どのように活用しているのかを見ることで、ユーザーに好まれ、受け入れられる販促がわかるかもしれません。

もちろん、後述の無印良品やDELLアウトレットように、ソーシャルメディア上で狭義の販促をしてもユーザーに受け入れられ、売上に繋がることもあります（P.134参照）。

ソーシャルメディア別の具体的な販促手法については、後の章で詳しく述べていくので、参考にしてください。

1 ソーシャルメディアと販促の関係

順位	企業名	ソーシャルメディア活用度指数	Twitter指数	mixi指数	gree指数	モバゲー指数	Facebook指数	ブログ指数	YouTube指数	ニコ動指数
1	日本コカ・コーラ株式会社	428	57	69	66	71	56	48	61	-
2	サントリーホールディングス株式会社	418	52	64	65	68	51	61	57	-
3	株式会社ローソン	407	58	44	64	61	61	32	46	41
4	株式会社ユー・エス・ジェイ	371	51	53	57	52	51	55	52	-
5	パナソニック株式会社	355	51	46	61	54	42	42	59	-
6	アディダスジャパン株式会社	342	52	32	57	-	54	35	61	51
7	株式会社セガ	340	53	-	61	-	39	48	72	67
8	コナミ株式会社	318	62	-	41	-	54	51	62	48
9	株式会社カプコン	314	55	-	54	53	33	48	71	-
10	KDDI株式会社	306	56	51	51	-	61	26	61	-
11	味の素株式会社	300	53	42	-	-	41	53	58	53
12	ハウス食品株式会社	287	48	-	56	58	32	42	51	-
13	日本クラフトフーズ株式会社	284	57	54	54	-	56	-	63	-
14	ソニー株式会社	277	52	54	61	-	49	-	61	-
15	カルチュア・コンビニエンス・クラブ株式会社	276	61	41	53	-	57	64	-	-
16	株式会社バンダイナムコゲームス	268	57	-	-	-	41	34	72	64
17	株式会社エイチ・アイ・エス	265	53	-	53	-	54	71	34	-
18	株式会社ファミリーマート	264	53	61	55	-	54	41	-	-
18	株式会社ナイキジャパン	264	53	61	-	-	52	42	56	-
20	株式会社ベネッセホールディングス	259	53	23	52	-	43	33	55	-
21	株式会社良品計画	257	61	42	-	-	62	34	58	-
22	リーバイ・ストラウス ジャパン株式会社	248	42	-	51	-	76	37	42	-
22	全日本空輸株式会社	248	51	53	-	-	61	29	54	-
24	株式会社ロッテ	243	33	-	-	48	44	41	77	-
25	タワーレコード株式会社	235	61	-	-	-	46	64	64	-
26	株式会社エヌ・ティ・ティ・ドコモ	225	53	61	-	-	58	-	53	-
27	大塚製薬株式会社	223	42	61	-	-	58	-	62	-
27	本田技研工業株式会社	223	48	71	-	-	53	-	51	-
29	江崎グリコ株式会社	222	44	51	-	53	-	32	-	42
30	株式会社ニコン	221	51	51	58	-	-	-	61	-
31	日本マイクロソフト株式会社	220	51	-	-	-	43	65	-	61
32	株式会社ファーストリテイリング	217	61	55	-	-	62	39	-	-
32	アメリカンファミリー生命保険会社	217	43	61	-	-	-	55	58	-
34	スターバックス コーヒー ジャパン株式会社	214	55	42	-	-	62	55	-	-
35	株式会社セブン&アイ・ホールディングス	211	52	-	55	-	47	-	57	-
35	株式会社スクウェア・エニックス	211	61	41	-	-	-	37	72	-
37	株式会社ハドソン	207	38	-	56	-	-	42	71	-
38	トヨタ自動車株式会社	206	51	41	-	-	53	-	-	61
38	株式会社東急ハンズ	206	56	34	-	-	55	-	61	-
40	日産自動車株式会社	205	54	-	-	-	52	46	53	-
40	日本航空株式会社	205	52	-	-	-	58	41	54	-
42	株式会社タイトー	196	44	-	55	-	-	41	-	56
43	株式会社キタムラ	195	51	-	-	-	41	41	62	-
44	森永製菓株式会社	194	47	-	-	-	32	54	61	-
45	日本オラクル株式会社	193	51	-	-	-	41	50	-	-
46	ネスレ日本株式会社	190	31	63	-	-	45	-	51	-
47	ソフトバンク株式会社	187	63	-	-	-	-	-	62	62
47	ヤマハ株式会社	187	52	-	-	-	29	31	75	-
49	ユニリーバジャパン株式会社	186	35	68	-	-	-	-	41	42
50	株式会社ドクターシーラボ	183	52	-	-	-	41	38	52	-

企業のソーシャルメディア活用指数（出典：アジャイルメディア・ネットワーク）

不満の解消に繋がる使い方

ソーシャルメディア販促では、商品やサービスの販売に繋がるだけでなく、ユーザーの不満などのマイナス感情を消すことによる間接的な効果も期待できます。

企業がソーシャルメディアの利用に尻込みをする理由のひとつが、いわゆる**炎上現象**です。炎上とは、非難や批判のコメントなどが殺到してしまう状態を指します。不買運動などに繋がることもあり、企業としてはぜひとも避けたい現象です。

しかし、**ソーシャルメディアを利用することで、使わないでいるより早く炎上を防ぐことができる**という事例が多数報告されています。

ソーシャルメディアが明暗を分けた航空会社の事例

例えば2008年に起こったコンチネンタル航空の炎上事例※があります。デンバー空港で離陸に失敗、滑走路をオーバーランするという事故が起きた際、乗客の一人が機内からTwitterで生々しい画像付きで実況中継したため、リツイートによって数千人が知ることになりました。その結果、これを見たメディアは、コンチネンタル航空が正式発表するより前に、乗客からのツイートと写真を元に報道したのです。

コンチネンタル航空はTwitterの情報は一切無視していたため、メディアから説明を求められて立ち往生する羽目に陥りました。その結果、メディアからは、コンチネンタル航空側からの公式説明ではなく、乗客の生々しいコメントや写真を盛んに引用されることになってしまったのです。

一方、サウスウェスト航空は、ソーシャルメディアを活用して炎上を未然に防いでいます※。サウスウェスト航空のフライト時、機体に何とバスケットボール大の穴が開いているのが見つかりました。緊急着陸すると同時に乗客たちは一斉にツイートし、穴の様子を写真やYouTubeなどで投稿し始めたのです。サウスウェストのTwitter責任者は、当時のフォロワー約3万人にすぐに企業プレスリリースへのリンクをツイートしました。企業メッセージは、謝

※コンチネンタル航空の炎上事例
参照：http://www.heraldsun.com.au/man-tweets-plane-crash-aftermath/story-fna7dq6e-1111118386441

※炎上を未然に防いでいます
参照：http://boston.com/business/technology/articles/2008/07/07/hurry_up_the_customer_has_a_complaint/?page=2

罪すると同時に、すべての飛行機を今晩中に検査する、さらにすべての乗客の運賃を返還するという内容でした。Twitterのおかげで、朝のニュースが流れる前に事実に基づいた情報を流すことができたうえ、マスメディアの報道も最小限に抑えることができたのです。

炎上を防ぐためには、できれば2～3時間以内の炎上が広がる前のなるべく早い段階で、謝罪や釈明、否定発言などをする必要があります。そのような対処をすることで、炎上を打ち消す内容も同時に広がっていき、自然と炎上が沈静化されていくというわけです。しかし、そもそもソーシャルメディアを使っていなければ、火種を見つけることもできず、謝罪・釈明・否定などの発言をすることもできません。

公式ホームページやプレスリリースなどで謝罪や釈明などを発表することも重要ですが、**炎上時にソーシャルメディア上で発言することのメリットは、すばやく対応できることと、ユーザーと直接対話ができること**です。また、拡散も期待できるので、サウスウェスト航空の例のように、プレスリリースへのリンクを付けてソーシャルメディア上に投稿することも、高い効果が期待できるでしょう。

このように**ソーシャルメディアでユーザーとプラスの関係を築き上げる以外に、マイナスを消すことも、大きな意味では販促に繋がる**と言えるのです。

運用コストの考慮

ソーシャルメディア販促の運用コストについても触れておきましょう。誤解されることが多いですが、ソーシャルメディア販促はまったくの無料ではできません。**ソーシャルメディアの利用自体は無料でも、運用にはコストがかかる**ということなのです。

まず必要なのが、運用する担当者の人件費です。これはあらゆる場合に必要なので、必ず見積らねばなりません。

さらに、ソーシャルメディア運用に関するセミナーなどの教育費、Facebookページなどの制作費、有料アプリの利用料、アプリ開発費、サーバー利用料、キャンペーン費用、外部コンサルタント費用

など、目的の販促活動によっては、さまざまな費用が発生する可能性があります。

販促を始める前に必要なコストは事前に見積もり、決済をとっておくべきでしょう。コストと費用対効果については7章に詳しいので、そちらも参照してください。

有料Facebookアプリの例、キャンペーン用アプリ「WildFire」

ソーシャルメディアは手間と時間がかかるもの

意外に見落としがちですが、ソーシャルメディアの運用は非常に時間と手間がかかります。

テレビCMや広告のような費用はかかりませんが、その代わり更新やリプライ、コメントでの交流など、細かな作業は多数あり、手間がかかるものです。誰が担当するのか、時間はどのように捻出していつ対応するのか、人件費はどうするのかなどは、事前に考えておいてください。

日頃の運用を少しでも楽にするために、Hootsuiteなどの複数のソーシャルメディアを管理できるツールを利用したり、ホームページなどにある既存のコンテンツをアレンジして使うなどの工夫も検討しましょう。

また、効果が現れるまでに少なくとも数ヶ月、長ければ数年単位の時間がかかります。それだけの長い時間、ゆっくりとユーザーと関係を醸成していく必要があることを踏まえて、運用計画を立てておくことをおすすめします。

公式アカウントや公式ページを一度始めてしまうと、企業やビジネスパーソンには、ある種の責任が生まれます。簡単には途中で投げ出すことはできないことを覚悟して始めるべきでしょう。

ソーシャルメディア"だけ"ではうまくいかない

ソーシャルメディアの販促を行う前にまず理解すべきことは、**販促には、ソーシャルメディア以外にもさまざまな手法がある**ということです。

どの販促手法が向いているかは、販促対象となるものの業態や業種、予算、期間、人的資源など、さまざまな要因によって決まります。ぜひ、ソーシャルメディアだけでなくそれ以外の手法も含めてひと通り検討した後に、最も適した手法を選ぶようにしてください。

TwitterやFacebookなどのソーシャルメディアのほかに、TwitterやFacebook内の広告、Googleアドワーズ、Yahoo!などのサイトに出稿するバナー広告、DM、メルマガ、雑誌・新聞広告、折り込み広告、ちらし、イベント、各種キャンペーン、サンプリング、テレビ・ラジオ・新聞・雑誌などのマスメディアCM、看板、車内広告など、ひと言に「販促」といっても多種多様です。

オンラインで低額からの販促をしたいなら、まずGoogleアドワーズ※を検討すべきでしょう。アドワーズとは、自社の商品やサービスがGoogleで検索されたときに、自社の広告を検索結果に表示できるというものです。料金は広告がクリックされた場合のみ発生し、予算や広告はいつでも簡単に変えることができるという特徴を

※ Googleアドワーズ
http://www.google.co.jp/adwords/

低予算からできる販促例「Googleアドワーズ」

持っています。低予算から可能なので、通販サービスなど、自社サイトに誘導して販売促進に結び付けたい場合は、一番最初に検討すべきものと言えます。

オフライン販促との組み合わせも検討

　また、清涼飲料水や食品など、ウェブサイトだけでは魅力が伝わりづらい商品・サービスの場合は、サンプリングやキャンペーン、イベントなどで試供品を配布し、口コミの効果を狙う方法もあります。

　飲食店のような実店舗型の場合は、試食会を行ったり、イベントの会場に使ってもらうなどして、まず足を運んでもらう機会を作ることが重要でしょう。

　当たり前ですが、このように**オンラインだけでなくオフラインの手法もすべて検討したうえで、販促手法を決めるべき**なのです。安易にソーシャルメディアでの販促を選ぶよりも、従来の販促の方が安かったり確実だったりする可能性があるということは、念頭においておくべきでしょう。

　また、ソーシャルメディアを使う場合でも、**ソーシャルメディア単体で使うのではなく、ほかのオンライン／オフラインの販促手法と組み合わせることで効果はさらに高まります**。

　例えば米ホンダは、2009年8月、Facebookで「We Loves a Honda」キャンペーンを行いました。Facebookページでアプリ「Who Loves a Honda」を起動すると、自分や周囲の誰かがホンダファンかどうか尋ねられるという、ホンダファンの輪を広げることを目的としたキャンペーンでした。反響が大きかったため、ゴールデンタイムの人気番組で「Who Loves a Honda」に参加したユーザー約20名の繋がりが見えるテレビCMを放送し、さらにウェブ上ではバナー広告を出稿して、Facebookページへ誘導したのです。当初の登録者は数百人程度だったものの、テレビCM、バナー広告を経て5万人まで急増し、その後はFacebookページのバイラル効果[※]で240万人まで増えたのです。

　最初にある程度の数を集めるにはマスメディアなどの広告が有効ですが、その後はソーシャルメディア自身の力でバイラルにどこまでも増えていきます。マスメディアだけでも、ソーシャルメディア

※ **バイラル効果**
口コミ効果のこと。「バイラル（viral）」は「ウイルスの」「ウイルス性の」の意で、ウイルスが伝染するように人から人へ伝わっていく様を表している。

だけでも、ここまでは増えなかったかもしれません。もちろん組み合わせ方法はこれだけではありません。Facebook広告などソーシャルメディア広告を利用したり、キャンペーンなどである程度集客してから、ソーシャルメディアでバイラルに広げるなどのやり方も有効でしょう。

余裕があるのであれば、予算などとの兼ね合いで実現可能なさまざまな販促手法を試してみるといいでしょう。

HondaのFacebookページ

ソーシャルメディアの組み合わせ

ソーシャルメディア販促の場合、どれかひとつだけ選ぶよりも、**複数のソーシャルメディアを選んで組み合わせて使うのがおすすめ**です。というのは、**ソーシャルメディアごとにユーザー層が異り、リーチできる層が異なる**からです。

例えば、Facebookは30代以上の男性が特に多く利用しています（P.76参照）。Twitterはそれよりも年齢が若く（P.53参照）、mixiはさらに若く10〜20代中心で女性多め……というようにそれぞれ特徴があります。また、同じゲーム系SNSでも、GREEは30代が多く年齢高めで、Mobageは10〜20代が多く全体的に若い傾向にあるなど、やはりひと括りにはできません。

また、Facebookのような、比較的新しいサービスを利用しているユーザーは、イノベーター理論※によるとアーリーアダプター層※に当たると考えられ、mixiのように検索対象とならない友だち同

※ **イノベーター理論**
米社会学者、エベレット・M・ロジャース教授が提唱したイノベーション普及に関する理論。商品購入の態度を購入の早い順に5つに分類したもの。

※ **アーリーアダプター層**
流行に敏感な層。ほかの消費層への影響力が大きく、オピニオンリーダーとも呼ばれる。市場全体の13.5%。

士のコミュニケーション中心に使われるサービスは、テレビ・芸能人などを好む平均的な若者と考えられます。

ユーザー層についての最新データなどを知るためには、**各社が投資家向けに公表している最新の決算報告、および広告代理店・クライアント向けに発行している媒体資料などを参考にして調べるか、専門家や企業などが発表しているレポートなどを参考にする**のがおすすめです。

ソーシャルメディアを選ぶ際には、最新のユーザー層を確認して、自社ターゲットと重なるものを選ぶようにするといいでしょう。その他、画像や映像、位置情報サービスなど、必要な機能を備えたソーシャルメディアを取り入れるようにしましょう。

サービスのターゲットユーザー、あるいはリーチしたいユーザー層にマッチしたソーシャルメディアを使うことで、より効果的な販促が期待できます。

また、**ソーシャルメディアはそれぞれで拡散する力があるので、組み合わせることでより一層の拡散も期待できます。**

実際、前述のアジャイルメディア・ネットワーク調査でも報告されているとおり、多くの企業はさまざまなソーシャルメディアを組み合わせて利用しています。余裕があれば、複数のソーシャルメディアでアカウントを持ち、それぞれのユーザーとエンゲージメント※を高めていくのが効果的です。

※ エンゲージメント
絆、愛着、ロイヤリティなどの意味。

日本コカ・コーラのFacebookページ（左）とTwitterアカウント（右）

商品・サービスの向き不向き

ソーシャルメディアには、自分だけではなかなか辿り着けない意義ある出逢いの楽しみがあり、そのようなハッピーサプライズがソーシャルメディア販促の結果にも繋がっています。

しかし、あらゆる商品やサービスに万能というわけではありません。向いているものと向いていないものを改めて考えてみましょう。

まず、リチャード・ヴォーン氏の提唱する製品関与マップをベースに、ソーシャルメディア活用と業種の相性を考察します。

商品には、**高関与（購入の際の検討時間が長い商品）、低関与（購入の際の検討時間が短い商品）、論理的（検討が論理的）、感覚的（検討が感覚的）という軸**があると考えられます。

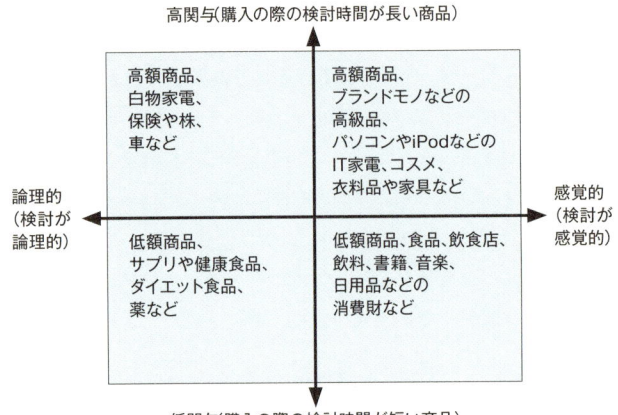

```
                高関与(購入の際の検討時間が長い商品)
                        │
         高額商品、      │  高額商品、
         白物家電、      │  ブランドモノなどの
         保険や株、      │  高級品、
         車など          │  パソコンやiPodなどの
                        │  IT家電、コスメ、
                        │  衣料品や家具など
論理的                  │                     感覚的
(検討が ────────────────┼──────────────────── (検討が
論理的)                 │                     感覚的)
         低額商品、      │  低額商品、食品、飲食店、
         サプリや健康食品、│  飲料、書籍、音楽、
         ダイエット食品、 │  日用品などの
         薬など          │  消費財など
                        │
                低関与(購入の際の検討時間が短い商品)
```

ソーシャルメディアに適した商品分野とは

まず、販促を狭義に捕らえ、実際にECサイトなどで商品を販売するケースを考えたとき、ソーシャルメディア販促と親和性が高いものは何でしょうか。前述の通りユーザーは、友人・芸能人などからのリコメンド、企業のアカウントやFacebookページなどで情報を知り、購入に至ります。こうした購入が最も有効なのは、**論理的に検討するのではなく、感覚的な検討が重視される商品です。飲食店やイベントなども、そこにいる人や共有体験などが付加されるため、効果的です。**

豚組のTwitter（@butagumi）。飲食店はイベントや共有体験が目的となるため、ソーシャルメディアリコメンドが強烈に働く例だ

感覚的、高関与商品とは、つまり、

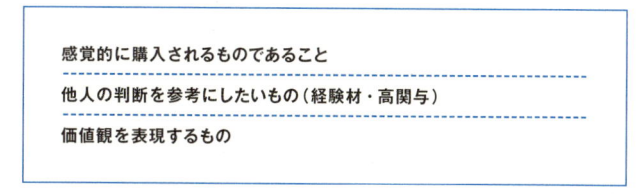

> 感覚的に購入されるものであること
>
> 他人の判断を参考にしたいもの（経験材・高関与）
>
> 価値観を表現するもの

のようなもののことです。

逆に言えば、家や車などの論理的な検討が必要な商品や、ブランドがそれほど影響せずあまり頻繁に買い換えられることがない冷蔵庫や洗濯機、クーラーなどの白物家電、性能やブランドではなく何よりも安さが求められるトイレットペーパーや灯油などの消費物などには、ソーシャルメディア販促があまり向いていないということになります。まったく意味がないということではありませんが、そのような商品、サービスの場合は、まずソーシャルメディア以外の販促を行い、ソーシャルメディアは余裕があればやるくらいの感覚でいいでしょう。

"販促"をもう少し広義に捉えた場合、ECサイトとの連動で商品やサービスを売るだけではなく、企業・商品・個人のブランディング、イベントやキャンペーン、顧客サポートなどと考えると、向いている業種・業態は一気に広がります。

> 飲食店のような実店舗
> 中小企業や個人事業者
> 小売業
> メーカー

業種の向き不向き

　IMJモバイルによる「Facebookに関する企業とユーザーの意識調査」によると、**小売りや実店舗型ではほかの業種に比べ、Facebookが「購買促進」「店舗誘導」に効果がある**と実感しています。実際に商品購入に至っているユーザーも多く、コンビニや飲食店などの**小売り・実店舗はFacebookページの効果が最も期待できる業種**と考えられます。

　さらに同調査では、**食品や衣料などの生活消費財のメーカーが、他業種に比べ「関心喚起」「顧客ニーズの吸い上げ」の効果**を実感しています。ユーザーはFacebookページを閲覧することにより、**商品に興味を持ち、購入意向が高まる効果**があるようです。

　自動車や家電メーカーなどの耐久消費財のメーカーはさまざまな効果が得られますが、主にユーザーの反応が見られる場として使われることが多いようです。

　あまり向いていないと考えられるのは、不動産や美容、金融などのサービス業です。残念ながら、ほかの業種に比べ、目に見える効果があまり現れづらいという結果となっています。

　ただし、上記のことはあくまで調査結果上のことに過ぎません。小売り、実店舗でも上手な使い方ができなければまったく販促効果を得ることはできず、逆にサービス業でも工夫して使えれば効果が出る可能性は十分にあります。この結果は、あくまで一般的な傾向としてとらえておくべきでしょう。

column

対象とすべき顧客

　ソーシャルメディアで対象とすべきなのは、新規顧客獲得か、それとも既存顧客なのでしょうか。

　よく新規顧客獲得を期待する方がいますが、もちろんそれも狙いたいところですが、いきなりこれを狙うのはかなり効率が悪くなります。

　それよりも、既存顧客を対象に、リピーターとなってもらえるように振る舞う方がいいでしょう。既存顧客のエンゲージメントが高まり、リピーターとなることで、結果的にソーシャルメディア経由で周囲に情報が拡散されていきます。結果的に、新規顧客獲得にも繋がることになるはずです。

1.3 オウンドメディアの重要性

効果的な販促を行うためには、ソーシャルメディアだけでは十分ではありません。オウンドメディアを充実させることで、より効果的な販促に繋がるようになります。

トリプルメディアを知ろう

「**トリプルメディア**」という言葉をご存じでしょうか。この概念を理解していると、ソーシャルメディア販促の対策が立てやすくなります。

トリプルメディアとは、次の3つを指します。

> **1 ペイドメディア（Paid media）**
> 費用を払って広告するメディアのこと。従来型のマス媒体の広告枠、アフィリエイト広告や検索連動型広告などもこれに該当する
>
> **2 アーンドメディア（Earned media）**
> earnとは、名声や評判などを得る意味。つまり、評判を得るメディアのこと。ソーシャルメディアを使った口コミの拡散などはこれに該当する
>
> **3 オウンドメディア（Owned media）**
> ownとは、所有するの意味。つまり、自分で所有するメディアのこと。企業が運営する自社サイト、店頭・SPツール・営業マンなども該当する

トリプルメディアを駆使すれば、宣伝・広報・サポートなど販促活動のすべてをカバーすることができます。

ソーシャルメディア販促とは、主にアーンドメディアを使った販促のことですが、本当の販促に繋げるためには、**この3つを組み合わせるとより効果が上がる**のです。

オウンドメディアを充実させよう

トリプルメディアそれぞれの具体的な取り組み方を考えてみましょう。

まず、**ペイドメディア**です。予算とリーチしたい対象、目的によって、テレビCM、雑誌・新聞広告、サイトのバナー広告などで広告を打ちましょう。予算をあまりかけられない場合は、Googleアドワーズ、Facebook広告、Twitter広告などが効果を発揮します。

次の**アーンドメディア**では、ソーシャルメディアを含む、さまざまなウェブメディアを活用しましょう。Twitter、Facebook、mixi、YouTube、USTREAM、Foursquareやロケタッチなどの位置情報サービスはもちろん、ブログも含まれます。特にブログはSEO効果が高く、考えやサービスなどを長文で画像付きで表現できるものなので、ぜひ取り組んでいただきたいものです。これにTwitterやFacebookなどを組み合わせていくと、販促に高い効果が現れるようになります。具体的な方法は、次章以降で詳しくお伝えします。

最後に、**オウンドメディア**です。オウンドメディアは、顧客とより深くコミュニケーションができ、商品やサービスについて詳しい情報が伝えられる、とても大切な存在です。ときどきペイドメディアやアーンドメディアのみで販促を行えばいいと誤解している方がいますが、それだけでは大きな効果は得づらいはずです。

アーンドメディア（ソーシャルメディア）では、ある程度の母数があると大きな拡散に繋がりやすい傾向にあります。というよりも、**ある程の母数がなければ拡散効果が現れづらいので、アーンドメディアに取り組む前にあらかじめある程度の数を集めることはとても重要なのです。**

そこで、ペイドメディアやオウンドメディアに積極的に取り組むことで、拡散に必要なだけの数のユーザーを集めることができます。**ペイドメディアでは認知度を高めたり、対象となる層にリーチする**ことで、アーンドメディアの母数を集めることができます。また、オウンドメディアには既存顧客が付いているため、**メルマガなどの自社が持つ既存顧客をソーシャルメディアに誘導する**ことでも確保できるというわけです。

オウンドメディアに必要な機能とは？

ECサイトなどで直接販売する場合は特に、自社サイトをはじめとしたオウンドメディアが充実していると、より高い効果が期待できます。自社サイトといっても、自社の企業情報のみのところもあれば、**企業情報、商品・サービス情報、その商品やサービスの発注・購入までできるようになっている場合**もあります。この場合のオウンドメディアとは、後者を想定しています。

一方アーンドメディアは、顧客とのエンゲージメントを築いたり、最新情報を伝えたり、コミュニケーションを取る場所と捉えるといいでしょう。

つまり、**アーンドメディアを入り口とし、オウンドメディアに誘導して、商品、サービスなどの情報を提供して発注・購買などに持って行く**というのが理想的な流れなのです。

そのためには、オウンドメディアではユーザーが求めるだけの十分な情報を提供する必要があります。

ユーザーが求める情報は、**企業情報、商品・サービスの詳細な情報です。高いニーズのある情報はすべてQ＆A形式、FAQ（よくある質問）などの項目にまとめておく**ことをおすすめします。

また、ユーザーが商品・サービスなどに興味を持った場合、「**どこに行けば買えるのか**」「**どうすれば買える（発注できる）のか**」など、**購入・発注方法に関する情報もきちんと提示しましょう**。販売店についての情報を掲載したり、自社サイトから購入できたりすると、より購買・発注に繋がりやすくなるでしょう。

ソーシャルメディアに手を出す前に、オウンドメディアを充実させてほしいと言いたいくらい、オウンドメディアは重要です。ソーシャルメディア販促を本気で行う場合は、まずオウンドメディアの整備から始めてもいいかもしれません。

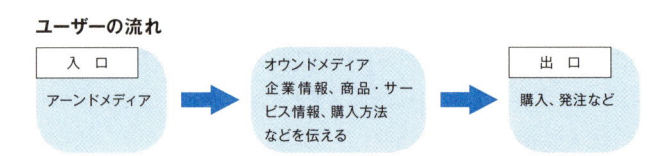

ユーザーの流れ

入 口		オウンドメディア		出 口
アーンドメディア	→	企業情報、商品・サービス情報、購入方法などを伝える	→	購入、発注など

コンテンツはソーシャルメディアと兼用もOK

オウンドメディアが充実していると、ソーシャルメディア販促においても新たなメリットが生まれます。

ソーシャルメディアを運用していて困るのが、投稿するコンテンツの不足です。ユーザーに喜ばれるコンテンツである必要がありますが、ソーシャルメディア用に一から用意するのは手間と時間がかかります。そのコンテンツも、オウンドメディアが充実していれば簡単に対応できます。

例えば無印良品のFacebookページでは、基本コンテンツはオウンドメディアの「くらしの良品研究所」[※]がベースになっています。それ以外の投稿は、商品の紹介や店舗情報、ユーザーとのやり取りなどです。

このように、オウンドメディアのコンテンツが充実していれば、ソーシャルメディアにも活用できるので、手間がかからずコンテンツを充実させることができるというわけです。

ちなみに、オウンドメディアとソーシャルメディアでのコンテンツがかぶってもまったく問題ありません。オウンドメディア、ソーシャルメディアと形を変えることは、ユーザーに伝えたい内容を伝える手段と考えるといいでしょう。

※くらしの良品研究所
http://www.muji.net/lab/

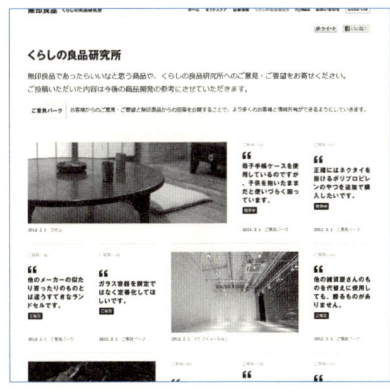

無印良品のオウンドコンテンツ「くらしの良品研究所」は、Facebookページでも活用されている

1.4 各ソーシャルメディアの特徴と向き不向き

1章の最後に、本書で取り上げるソーシャルメディアの簡単な特徴と向き不向きを解説しておきましょう。FacebookやTwitter以外のサービスも入れているので、参考までに目を通してみてください。

Twitter

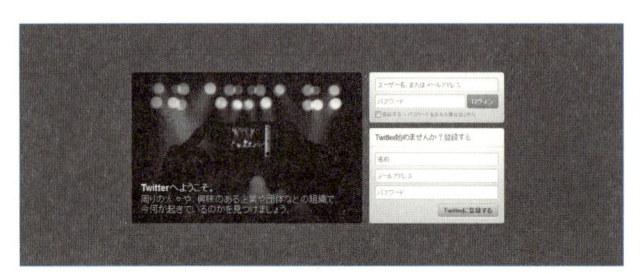

Twitter（https://twitter.com）

　Twitterは、140文字以内で投稿する短文投稿サービスです。ミニブログとも呼ばれます。

　フォロー※した相手の情報をタイムラインで読むことができます。また、@※（リプライ、メンション）で特定の相手に話しかけることで、RT※（リツイート）で気になったツイートを自分のフォロワー（フォローしている人たち）に広めることができます。

　2011年10月時点で、Twitterの国内利用者数は1,400万人を超えており（ニールセン・ネットレイティングス調べ）、日本で圧倒的に使われているソーシャルメディアのひとつです。

※ フォロー
相手を「フォロー」すると、フォローした相手のツイートが自分のタイムライン上で読めるようになる。フォローにはフォローする相手の許可は必要ない。

※ @
@と相手のアカウントから始まる返信は「リプライ」、@と相手のアカウントが先頭以外に入ったものを「メンション」と呼ぶ。リプライは自分と相手をフォローしている人のみに表示され、メンションは自分をフォローしている人に表示される。

※ RT
リツイート。広めたいと思ったツイートを、自分のフォロワーに広めることができる行為。公式リツイートと非公式リツイートがある。

> リアルタイムで情報の広い拡散が期待できる
>
> フォローするのに相手の許可は要らないため、ツイートの内容に興味がある相手を一方向フォローすることができる。興味関心などで繋がるインタレストグラフという特徴を持つ
>
> 匿名や複数アカウントも可能なので、用途によってアカウントを使い分けることができる
>
> API※公開によりほかのサービスとの連携がしやすい
>
> ブランドページで、ブランドのファンと繋がることができる
>
> Twitter広告で、アカウントなどの広告ができる

※ API
Application Programming Interfaceの略で、プログラムを効率的に作成するために用意された部品のようなもの。これが公開されていることでプログラミングが簡単にできるようになる。

Facebook

Facebook（http://ja-jp.facebook.com）

　Facebookは、米国発のポータル型SNSです。世界中に8億5,000万人以上のユーザーがおり、世界で最も普及しているSNSとして知られています。

　実名制で、ビジネス利用でも一人につき1アカウントという決まりがあり、詳細なプロフィールが登録されているのが特徴です。また、写真、動画などのリッチコンテンツにも対応しており、ゲームや便利な機能を持つさまざまなアプリが無料から利用できます。

　また、Facebookページは、ファン数25名以上で固定URLを利用でき、検索対象となります。さらに高機能なアクセス解析サービス「インサイト」も用意されており、ビジネスに活用しやすくなっています。

　Facebookの国内利用者数は2011年8月の時点で1,000万

人を超えており(ニールセン・ネットレイティングス調べ)、アクセス数も伸び続けています。

> 「いいね！」やFacebookページへの参加など、すべてのアクションがFacebook内の友人に表示される仕組みとなっており、拡散が期待できる
>
> Facebookページ、インサイトは、ビジネス用でも無料で作成・利用できる
>
> 実名制と詳細に登録されているプロフィールを利用して、詳細に条件を設定してターゲットを設定して配信できるFacebook広告が使える

mixi

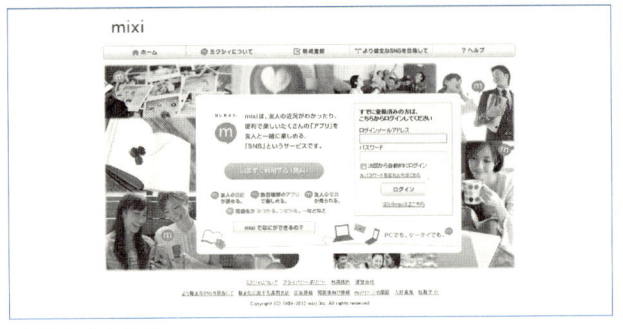

mixi (http://mixi.jp/)

　mixiは、現在日本で最もユーザー数の多いSNSです。会員数1,500万人、20代女性の9割が利用しており、学生のシェアが高く、ほかのサービスに比べ、いわゆるフィーチャーフォンからの利用が多いのが特徴です。

　公開範囲がきめ細やかに設定できるため、検索に引っかからずに日記やその他のコンテンツを通してコミュニケーションができます。

　情報収集・交流などができる「コミュニティ」、Twitter的に短文でつぶやくことができる「つぶやき」、クリックひとつで友達におすすめできる「mixiチェック」、モバイル版によるロケーションサービス「mixiチェックイン」など、さまざまな機能が用意されています。写真や動画なども公開できるうえ、mixiアプリ、mixiゲームなど

も人気です。広告では友達同士の繋がりを生かしたソーシャルバナー広告が高い効果を上げています。

2011年には、mixiページというmixiの外に向けて公開できるページ機能も追加されました。企業などが無料でビジネスで使えるようになっているため、注目されています。

Google+

Google+は、その名の通り検索大手Googleによるソーシャルネットワークプロジェクトです。2012年1月時点でユーザー数は9,000万人を超えます。Google検索にGoogle+内の情報が反映されるなど、Googleの多くのサービスと連携しているため、Googleユーザーには特に便利に使えるサービスです。

「サークル」を作成してユーザーを追加し、サークルごとに発信されている情報を閲覧したり、自分から発信するなど、友人や情報をきめ細かく管理できるところが最大の特徴です。「+1」という、Facebookの「いいね！」にあたる機能もあります。

Google+は、FacebookとTwitterのそれぞれの良いところを採用して生まれたサービスと言われています。Twitterのように一方向フォローができ、サークルを選んでFacebookのように特定の相手のみに情報を発信することができます。

「ハングアウト」によってサークルに入れた仲間とウェブカメラでチャットができるほか、「Google+ページ」と呼ばれる企業用のページ機能も用意されています。

Googleのソーシャルメディア「Google+」

位置情報サービス

　位置情報サービスとは、携帯電話やスマートフォンなどのGPS※対応端末経由で、現在位置を利用・公開して、交流やゲームなどを行うサービスの総称です。

　まだ日本では特にひとつのサービスが突出して強いというわけではありませんが、種類は豊富で、ソーシャルメディア販促にうまく取り入れることができます。特に飲食店や実店舗など、位置情報サービスと相性のいい業種では、必ずチェックしておきたいソーシャルメディアです。

※ GPS
Global Positioning Systemの略。人工衛星からの信号を受信機で受け取り、受信者が自分の現在位置を知るシステム。

ロケタッチ

　ロケタッチは、スマートフォンなどにアプリをダウンロードすることで、GPS機能を利用した位置情報に応じてさまざまな場所にタッチ（チェックイン）ができるサービスです。タッチ内容に応じてシール※がもらえ、その場所で最もタッチをした人は、その場所のリーダーとなれます。

　直近2時間で自分の付近にいるユーザーとは「ハイタッチ」ができます。ハイタッチでは、プロフィール欄に登録しておいたSNSアカウント、電話番号などが交換でき、出会った友達との交流に利用可能です。さらに、タッチした情報はTwitterやFacebookなどに流すことができ、拡散もできます。

　ライブドアのサービスであり、さまざまな企業とコラボレーションしているのも特徴のひとつです。タッチくじのマークが付いたスポット情報にタッチすると、自動的に割引券やクーポン情報を取得できるサービスなどがあります。

※ シール
仮想のシール。特典の一種で場所に応じたデザインのシールが入手できる。企業とコラボしたシールや季節限定のシールなど、コレクター心をくすぐるアイテム。

Foursquare

　Foursquareは、米国発のロケーションサービスです。スマートフォンなどにアプリをダウンロードすることで、GPS機能を利用した位置情報に応じてさまざまな場所にチェックインできます。チェックイン内容によって点数が異なり、一週間に獲得した点数の多寡を友人と競うゲーム性の高いサービスです。

した人は「メイヤー」に認定されます。

　Twitterのアカウントがあれば、誰でもFoursquareページを作成することができ、企業用のFoursquareページは2種類用意されています。

　実店舗のオーナーなら、「ベニューオーナー」になることができます。ベニューオーナーは、チェックインによって、顧客向けの割引、無料サービス、特別なもてなし方法の提供、常連客への報酬の付与などの特典が提供できます。また、実店舗以外の企業でも、「ブランドページ」のオーナーになることができます。ブランドページを持つ企業は、ページ経由で情報を発信してユーザーと交流できるほか、独自のパートナーバッヂを提供できるため、販促に使えます（ただしパートナーバッヂの利用は有料）。

Facebook

　Facebookもチェックイン機能を備えています。チェックインすることで割引特典などがあるクーポンがもらえる「チェックインクーポン」機能がそれに該当します。Facebookでチェックインすることがクーポンがもらえる必要要件のため、拡散も期待できます。

　すでに日本でも、実店舗を中心にさまざまな企業とコラボレーションが行われています。

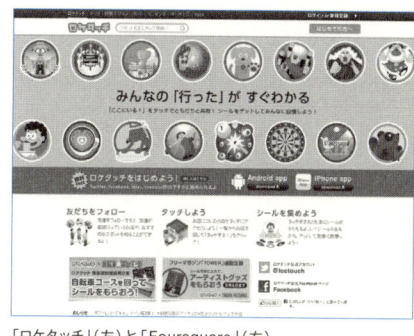

「ロケタッチ」（左）と「Foursquare」（右）

動画サービス

　動画サービスを使った販促も人気があります。動画の場合は、送り手側の顔が見えて、製品やサービスの使い方や特性など、言

葉では伝えづらいことも簡単に伝えることができるところがポイントです。

ほかのサービスよりも技術や機材が必要となる点で敷居が高い側面はありますが、撮影自体はiPhoneなどのスマートフォンでも可能です。

YouTube

YouTubeは、最大のシェアを持つ動画共有サイトで、あらかじめ編集した動画をネット上で共有するサービスです。無料でも15分の動画をアップロード[※]、閲覧できます。

企業などによる多数の公式チャンネルがあり、テレビCMのように、完成した動画をユーザーが見るスタイルです。

※ 動画をアップロード
著作権侵害動画問題に対しては、著作権者からの申請により削除される仕組みになっている。

USTREAM

カメラの前で起きていることを生中継できる、リアルタイム性の高い動画サービスです。デパートの実演販売のように、商品やサービスの面白さ、美味しさなどが伝わりやすく、ユーザーの欲求を刺激しやすいのが特徴です。

Twitterや投票機能などを通して、動画視聴者とリアルタイムコミュニケーションができるので、自社の商品特性や、込められた思いなども伝えることが可能です。

ニコニコ動画

YouTubeのように完成した動画を利用しながら、映像の特定の再生時間上にユーザーがコメントを投稿・表示できるという、ユーザー同士の非同期コミュニケーション（同時ではない）が可能なサービスです。

同じニコニコ動画でも、ニコニコ動画生放送はUSTREAMと同様、ライブ配信が可能な動画共有サービスであり、Twitterの代わりに動画上にコメントを流すことができます。

2 各ソーシャルメディアの使い方

まずは、ソーシャルメディア販促で使う前に、各ソーシャルメディアの基本的な特徴と使い方を押さえましょう。使い方はいずれも難しくありません。特長やほかのメディアとの違いを押さえ、組み合わせて効果的に使いましょう。

2 各ソーシャルメディアの使い方

2.1 Twitterの使い方

Twitterは、140文字以内で投稿するだけのとてもシンプルなソーシャルメディアです。拡散性とリアルタイム性に優れ、ほかのサービスとも連携しやすく、販促でもさまざまな使い方ができます。手軽に始められるため、おすすめです。

Twitterの主な機能

Twitterは、140文字以内で投稿する短文投稿サービスです。ミニブログとも呼ばれ、フォローした相手のツイートと呼ばれる投稿をタイムライン上で読むことができます。

フォローには相手の許可は必要なく、ツイートに興味があれば誰でも一方通行でフォローできるのが特徴です。繋がりは、情報を軸とした、いわゆるインタレストグラフ※となりますが、知り合いではなく一方通行の関係なので、繋がりの強さは緩めです。

「@アカウント名」で特定の相手に話しかけることができたり（リプライ、メンション）、RT（リツイート）で気になったツイートを自分のフォロワー（フォローしている人たち）に広めることもできます。

Twitter自身の機能はシンプルですが、連携ツールやウェブサービスが充実しているため、さまざまなことができます。

自社アカウントフォロワーの属性については、Facebookほど正確にはわかりませんが、twitraq※などのツールを使うことである程度把握することができます。

※ **インタレストグラフ**
興味・関心などの情報で繋がる関係性のこと。対する「ソーシャルグラフ」は、友人・知人で繋がる関係性を表す。

※ **twitraq**
http://twitraq.userlocal.jp/

> **Twitterでできること**
> ・用途別にアカウントを作成して自由に使える
> ・リアルタイム性が高く、情報取得・情報発信に使える
> ・ユーザーと直接、気軽なコミュニケーションができる
> ・情報の拡散が期待できる

Twitterのメリット

リアルタイム性が高く、拡散性が高いサービスであり、ほかのサ

ービスとの連携が数多く用意されているため、手軽に導入しやすいと言えるでしょう。

複数アカウントや匿名アカウントの作成も可能です。個人、企業、サービス、商品、イベントごとにアカウントの作成・運用ができるので自由度が高く、取り入れやすくなっています。

Twitterのデメリット

双方向ではないので、フォロワーとの関係は強くありません。また、フロー型のサービスなので、伝えたい情報がすべてのユーザーに必ず伝わるとは限りません。

さらに投稿は140文字までと文字数が限定されており、表現の手段が限定されています。誤読を生むこともあるため、注意が必要です。

ユーザー数とユーザー層

2011年8月度のニールセン・インターネット視聴率によると、Twitterの日本におけるPCからの利用者数は1,496万人に上ります。この数字には専用クライアント（TweetDeckやHootsuiteなど）からのアクセスや、携帯電話のみからのアクセスが含まれていないため、実際の利用者数はさらに多いと考えられます。

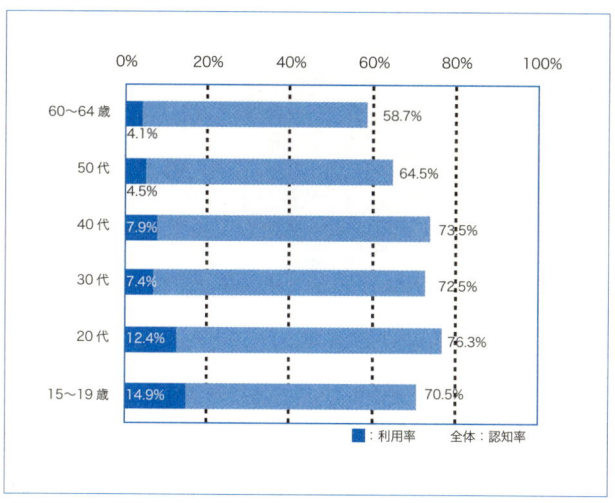

年代	利用率	認知率
60～64歳	4.1%	58.7%
50代	4.5%	64.5%
40代	7.9%	73.5%
30代	7.4%	72.5%
20代	12.4%	76.3%
15～19歳	14.9%	70.5%

年代別ツイッターの利用度・認知度（出典：富士通総研）

ユーザー層については、富士通総研調べの「Twitter利用状況調査」によると、2010年時点では、10代が14.9%で最も高く、20代は12.4%、30代以降は8%以下という結果でした。性別は女性は男性よりも利用率が低くなっています。つまり、**Twitterでは大学生を中心とした若年層、特に男性にリーチしたいときに、特に効果的である**と考えられます。

向き不向き

リアルタイムに情報を発信したり、ユーザーと直接コミュニケーションとったり、情報を拡散したい場合に向いています。10代、20代などの若年齢層にアプローチしたい場合もぴったりです。

ただし、顧客を囲い込んだり、顧客の属性や動向を正確に知りたい場合にはあまり向いていません。

アカウントの作成方法

まず、Twitterのサイト（https://twitter.com）にアクセスし、名前、メールアドレス、パスワードを入力し、「Twitterに登録する」をクリックします。

好きなユーザー名を入力します。すでに使われているユーザー名は利用できません。「このユーザー名は利用できます」と表示されたら利用可能です。このユーザー名がTwitterIDとなります。

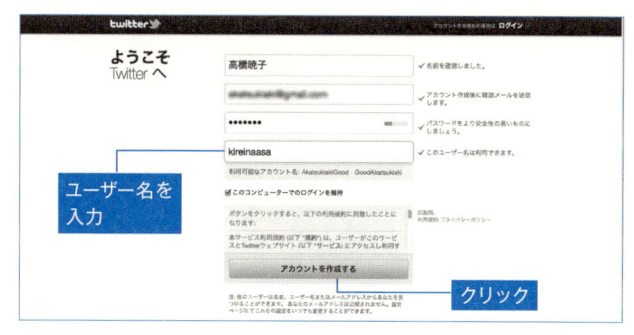

次の画面では、フォローを求められます。指示通りの人数をフォローしましょう。おすすめユーザーをフォローしてもいいですし、友達や知り合いなどを検索で探してフォローしてもかまいません。

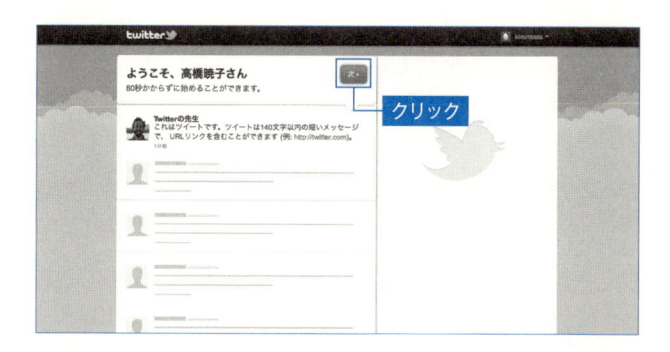

「知り合いを見つけましょう」という画面になります。Gmail、Yahoo!メール、Hotmail※などの電話帳で検索し、友達を探して追加するのもおすすめです。

※ Hotmail
http://www.hotmail.com/。MSNが提供するフリーメールサービス。世界最大級のウェブメールサービスのひとつ。

登録したメールアドレス宛に確認メールが届きます。確認用

2 各ソーシャルメディアの使い方

URLをクリックすれば、アカウントの登録確認が終了してTwitterの機能がすべて使えるようになります。

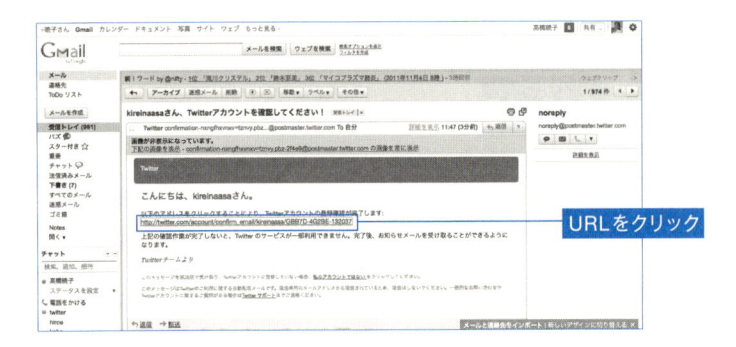

　右上のアイコン→設定をクリックでプロフィールの詳細設定ができます。プロフィール写真、位置情報、ウェブ、自己紹介を登録しましょう。写真は700KB以下のGIF、JPEG、PNGが利用できます。

ツイートの基本操作

つぶやく（ツイート）

　「いまどうしてる？（What's happening？）」の欄につぶやきたいことを入力し、「ツイート」をクリックで投稿できます。ツイートは、タイムラインと呼ばれる中央の欄に、フォローしている相手のツイートと並んで表示されます。

画像の添付

　PCから画像を添付してツイートする場合は、カメラマーク（画像を追加）をクリックして画像を選択します。

　サムネイルで画像が表示されるので、「いまどうしてる？」の欄につぶやきたいことを入力し、「ツイート」をクリックすれば画像を添付した投稿ができます。なお、画像は投稿の本文の後ろにURLの形で表示され、クリックで閲覧できます。

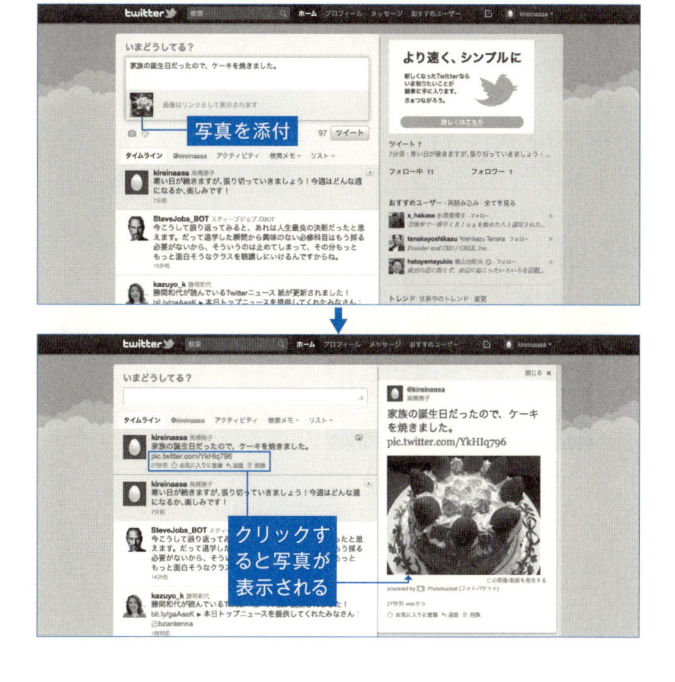

URLの入力

本文とURLを入力し、「ツイート」をクリックします。URLは自動的に短縮されます。

タイムラインの見方

自分がフォローした相手のツイートは、タイムラインに表示されます。自分のツイートも同様にタイムラインに表示されます。

フォローした相手のツイートと自分のツイートは、どちらもタイムラインに表示される

プロフィール作成のポイント

プロフィール写真の選び方

　Twitterをビジネスで活用したいなら、プロフィール写真の登録は必須です。顔写真、ロゴ、商品など、はっきり個別認識ができる画像を使うようにしましょう。

　アイコンで表示されると小さくなるので、できるだけ大きく写っているものを使用しましょう。

　個別認識してもらうためには同じ写真を使い続けるのが基本ですが、季節やイベント、意思表示などの要素を装飾として加えてもいいでしょう。サンタ帽子、桜の花、「Pray For Japan」バッヂなどです。ツイナビのきせかえアイコン※などが使えます。

※ツイナビのきせかえアイコン
http://twinavi.jp/kisekaeicon

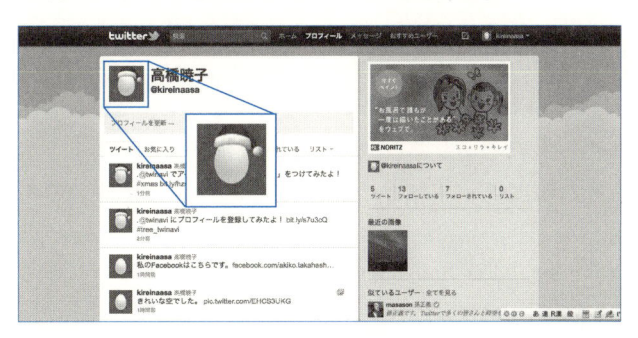

プロフィールの内容

　画像右上のプルダウンから「設定」→「プロフィール」を選択するとプロフィール設定画面に切り替わります。名前はユーザーから認識してもらいやすいものにしましょう。

　自己紹介欄には160文字まで登録できるので、文字数いっぱいを使って、詳細なプロフィールや、このアカウントをフォローするメリットを伝えます。

　興味を持った人が見てくれる可能性がありますので、自社の公式サイトがある場合は必ずリンクしておきましょう。

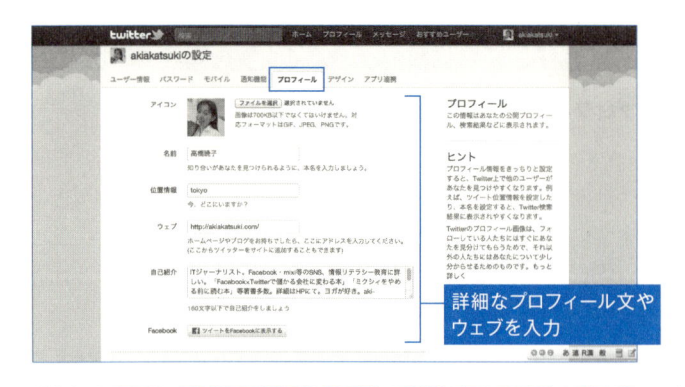

2 各ソーシャルメディアの使い方

詳細なプロフィール文や
ウェブを入力

フォローのスタンス

検索機能で、自分の会社や商品・サービスなどをツイートしている人、自分の業種や業態に興味がある人などを探しましょう。自社に興味を持ってくれそうなユーザーが見つかったら、フォローを検討しましょう。Twitterプロフィール検索※を使ってプロフィール内容から探すのもありです。

ただし、ビジネスアカウントからのフォローを嫌う人もいるので、むやみにフォローするのはおすすめしません。フォローされたらフォロー返し※するくらいのスタンスの方がいいでしょう。

※ Twitterプロフィール検索
http://tps.lefthandle.net/

※ フォロー返し
フォローしてくれた人にフォロー仕返すこと。フォロー返しは義務ではない。

「Twitterプロフィール検索」では、自己紹介欄に書かれている内容からユーザーを探し出すことができる

フォロワーの増やし方

Twitterを始めたら、フォロワーを増やしたいと考えるのは自然

なことです。ただし、ビジネスアカウントでフォロー返しを狙ってどんどんユーザーをフォローするのは、嫌われる行為です。また、フォロー返しを狙ったフォローは、結局ツイートが読まれず、ユーザーとのエンゲージメントも築けず、意味がありません。

　フォロワーを増やしたいなら、とにかくユーザーにとって有益なツイートを繰り返すことです。有益なツイートはリツイートされたり、検索経由での誘導も見込めます。その際、関係するハッシュタグ（P.62参照）などをツイートに含めると、ハッシュタグ経由でフォロワーが増える可能性も高くなるので、おすすめです。開始当初は、自社の持つブログやメルマガなどを用い、既存顧客の誘導をするといいでしょう。

　また、フォローしたりリツイートすると特典が手に入るなどのフォローキャンペーン、イベント、セールなどを行うとフォロワーが増えるので、キャンペーンなどの施策を検討しましょう。

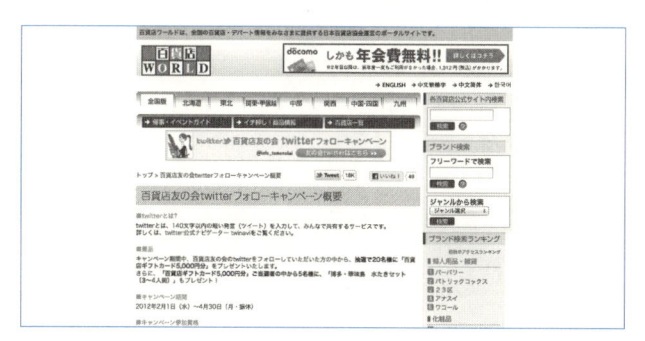

百貨店友の会のTwitterフォローキャンペーン

自分へのリアクションを確認

　画面上部の「＠つながり」をクリックすると、あなたのツイートに対するリアクションを見ることができます。具体的にはフォロー、お気に入り、リプライ、メンション、リツイート、リスト追加などです。

　この部分を確認することで、自分のツイートに対するリアクションの大きさや新しいフォロワーなどがわかるので、まめに確認することをおすすめします。

　リプライ、メンション、ツイートなどをしてくれた相手には、お礼のリプライをしたり、フォローしてくれた相手のフォロー返しを検討したり、ユーザーの反応が多いツイートの内容を確認して今後

に活かすなどの対策も練れます。

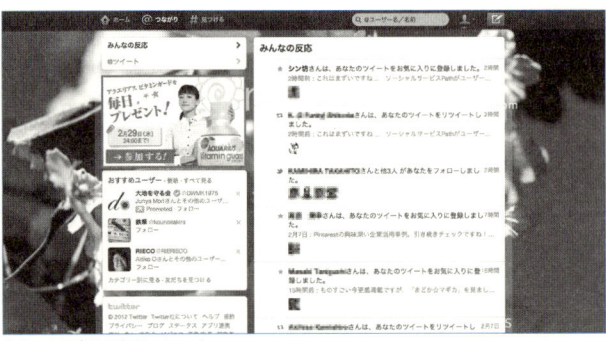

自分への反応はこまめにチェック

ハッシュタグの活用

「＃」の後に日本語またはローマ字の単語からなる投稿がグループ化するタグを、ハッシュタグと呼びます。

上部にある「＃見つける」をクリックすることで、最近の話題が

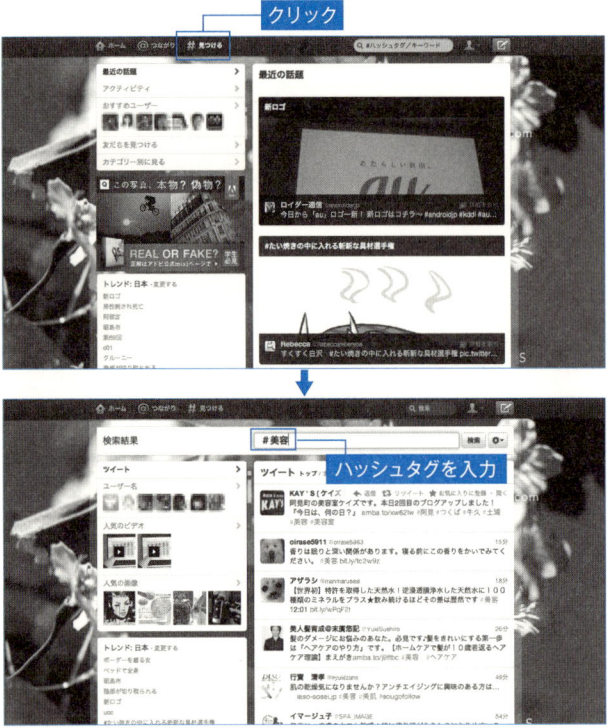

「＃美容」の検索結果

見られます。ハッシュタグの前後には半角の空白が必要です。すでにさまざまなハッシュタグがあるので、検索して探してみましょう。

ハッシュタグの使い方は自由です。まだ使われていないキーワードなら、自社のイベントやキャンペーン用に新たに用意してもかまいません。情報をまとめたり、興味のあるユーザーを知ることができるので、おすすめです。

リストの作成

フォローする相手が増えてくると、タイムラインがごちゃごちゃとし、必要な情報を取得することが難しくなります。早い段階でリストを作成して管理しましょう。

リストの作成方法はとても簡単です。ユーザー名から「リスト」→「リストを作成する」をクリックし、「リスト名」「説明」を入力して、公開／非公開を選びます。公開を選ぶとほかのユーザーもこのリストをフォローでき、非公開の場合はほかのユーザーからはフォローできません。

気になるリストがあれば、ほかの人のリストもフォローできます。ほかのユーザーのプロフィールを表示した状態で「リスト」をクリックすると、「保存している／追加されている」を切り替えることでそのユーザーが保存しているリスト、追加されているリストがわかります。

リストには、作成者名と作成者のアイコンが表示されます。専門家の作ったリストをフォローすれば、得たい情報を一気に集めることができます。

リストの使い方はさまざまです。クライアントや顧客、やり取りしたことがあるユーザー、テーマ別など、各種リストを作成して管理するといいでしょう。

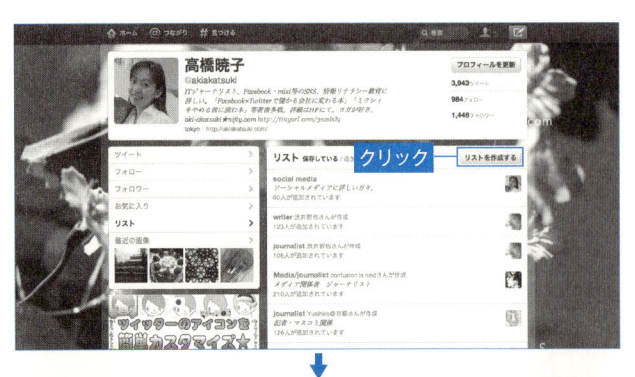

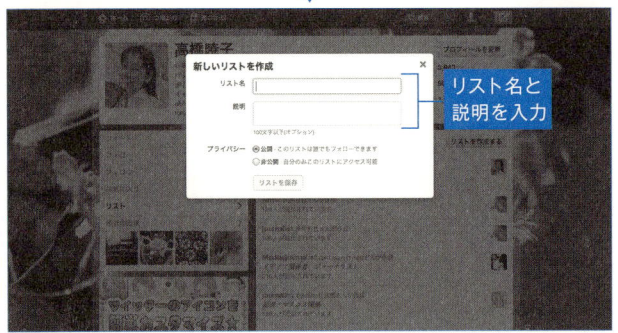

クライアントや顧客、やり取りしたユーザー、テーマ別など自由にリストを作ろう

携帯電話／スマートフォンからの投稿・閲覧

携帯電話やスマートフォンから投稿する場合は、Twitterクライアントを使うか、Twitterアプリをダウンロードしておくと便利です。

Twitterクライアント

Twitterクライアントとは、Twitterを使いやすくするウェブサービスやアプリの総称です。代表的なものに、「モバツイ」※や「ついっぷる」※などがあります。インターネット経由でこれらのページにアクセスしてTwitterIDでログインすると利用できるようになります。

※ モバツイ
http://www.movatwi.jp/

※ ついっぷる
http://twipple.jp/unlogin/index.html

モバツイ。フィーチャーフォンやスマートフォン、iPadなどさまざまな環境で楽しめる

Twitterアプリ

※ Twitter公式アプリ
公式以外にもTwitter用のアプリは色々とあるので、お気に入りを探してみよう。なお、Androidの場合は、Androidでマーケットで公式アプリをダウンロードできる。

　iPhoneの場合は、Twitter公式アプリ※をApp Storeでダウンロードし、ダウンロードしたアプリを起動後、Twitter IDとパスワードを入力してログインします。ホームにはタイムラインとして、フォロー相手のツイートが表示されます。

　投稿するには、右上のマークをタップし、本文を入力したら、「送信」をタップします。

　各ボタンの使い方は、基本的にPCのときと同じです。「＠」をタップしてユーザーをセレクトすれば、その相手へリプライやメンションができ、「＃」をタップすれば、選択肢から選択するか入力でハッシュタグが入力できます。

　写真を投稿したい場合は、カメラマークをタップして「写真やビデオを撮る」で撮影後、「使用」で新規に撮った画像の添付ができます。保存してある写真を投稿する場合は、「ライブラリから選択」で既存の画像を添付します。また、右の矢印マークをタップして、「位置情報を有効にする」で位置情報を入れて投稿できます。

2 各ソーシャルメディアの使い方

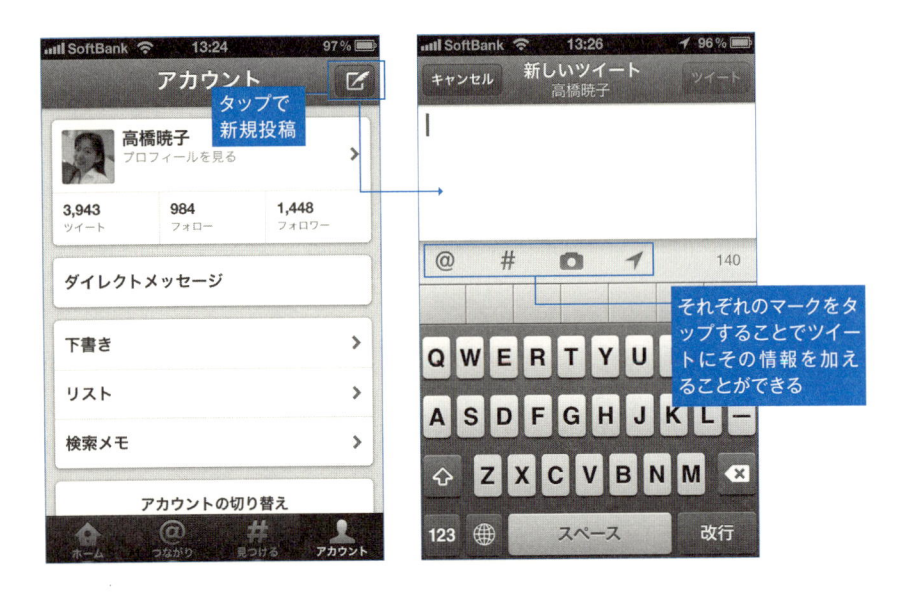

タップで新規投稿

それぞれのマークをタップすることでツイートにその情報を加えることができる

　なお、「@つながり」は切り替えることで、お気に入りやフォローなどの「みんなの反応」、メンション、リプライ「@ツイート」などが確認できます。

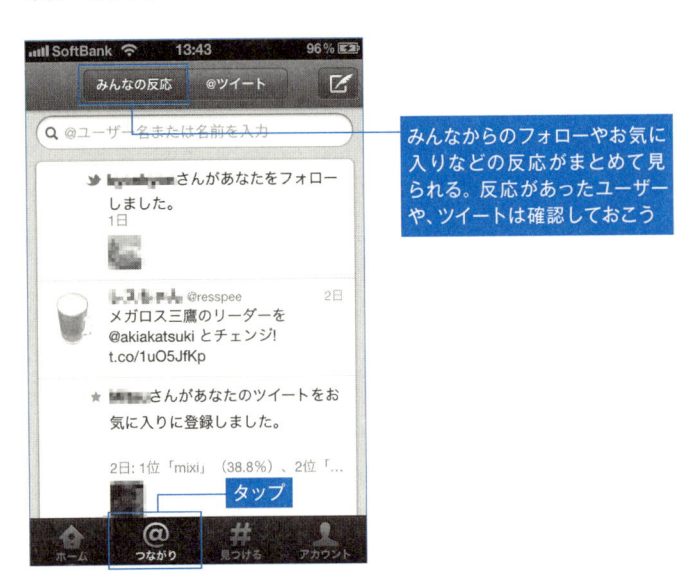

みんなからのフォローやお気に入りなどの反応がまとめて見られる。反応があったユーザーや、ツイートは確認しておこう

タップ

　「#見つける」では、最近の話題、トレンド（人気のキーワード）、

066

おすすめユーザー（フォロー傾向によるあなたが興味を持ちそうなおすすめユーザー）、カテゴリー（「芸能・文化」「音楽」「ニュース」などのカテゴリー別おすすめユーザー）、「友達を見つける」（アドレス帳から友達を見つけることができる）などが確認できます。

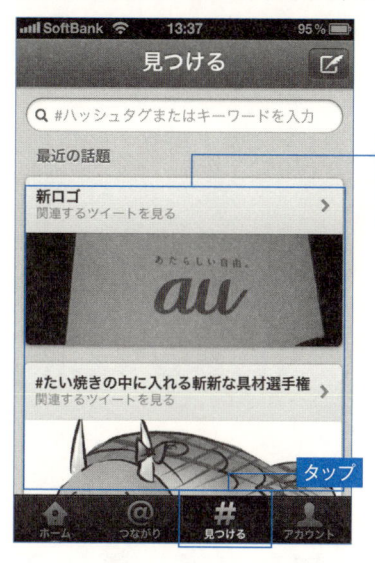

「最近の話題」や「トレンド」などから、関連ツイートを見ることができる

タップ

column

Twitter広告の出稿

2011年10月に、日本国内で、Twitter内広告の販売が開始しました。広告には、トレンド欄に表示される「プロモトレンド」、おすすめユーザー欄に表示される「プロモアカウント」、検索結果やタイムラインに表示する「プロモツイート」の3種類があります。

手続きの手順は、ヘルプ→「広告主様」→「ビジネス活用」をクリックし、「広告掲載を開始」をクリックしたら、各項目を入力して「提出する」をクリックします。詳しくは、P.182を参照してください。

もっとTwitterを使いこなすためのウェブサービス

Twitterは機能がシンプルなので、補うためのさまざまなウェブサービスが提供されています。販促用途に適したウェブサービスも揃っていますので、目的に合ったものを活用してみましょう。

ツイートをまとめるサービス

「Togetter」※は、特定の誰か、あるいは複数人のツイートを手動でひとつにまとめることができるサービスです。テーマに沿って複数回に分けてツイートしたもの、複数人による議論、ツイートによるリアルタイム実況などを時系列で一覧にできるため、見やすくなります。

※ Togetter
http://togetter.com/

Togetterは、連続ツイートややり取りを、流れがわかるようにまとめてくれる

イベントサービス

「Tweetvite」※は、Twitterのアカウントを利用してイベント告知、参加表明、集計が行えるサービスです。アカウント名とイベントの詳細情報を入れるだけで、ブログやサイトに募集フォームを埋め込むことができます。参加メンバーの顔が見えるため、イベント参加への敷居が低くなり、人が集まりやすくなる効果があります。

※ Tweetvite
http://tweetvite.com/

Tweetviteでは、イベントの告知、参加表明、集計が行えます。参加メンバーの顔が見えるので参加しやすくなる効果も

アンケート

※ おけったー
http://oketter.okwave.jp/

「おけったー」※は、Twitterユーザーにアンケートがとれるサービスです。回答はTwitterアカウントで行います。手軽にアンケートがとれ、ユーザーとの交流もできます。ユーザーから意見を集めたいときに便利に使えます。

おけったーは、手軽にアンケートをとったり交流ができるサービス。商品やサービスに絡めた質問をしてみよう

フォロワー属性などの計測

※ twitraq
http://twitraq.userlocal.jp/

フォロワーが増えてきたら、フォロワーの属性を知りたいもの。Facebookページならインサイトでわかりますが、Twitterでも「twitraq」※を使えば、ある程度把握することができます。商品やサービスなどがどんな属性の人々に興味を持たれているのかを知ることで、強い層や弱い層、どのようなツイートが求められているかなどがわかるでしょう。

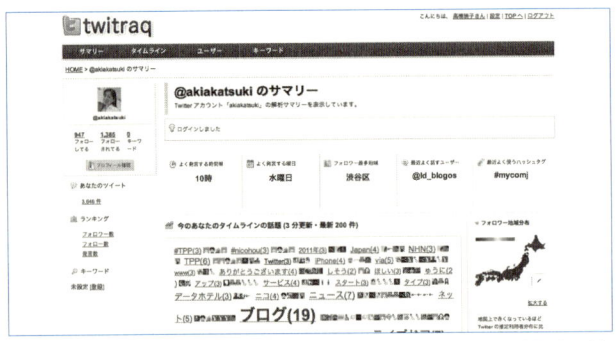

twitraqを使って、フォロワーの属性を知り、ツイート内容を考えたり、ビジネスの展開のヒントとしよう

リツイートの計測

　どういうツイートがリツイートされるのかを調べることは、情報の拡散を狙う場合にはとても重要です。「ReTweeter!」では、右上の欄にTwitterIDを入力したあと、「ユーザー表示」をクリックすることで、リツイートされた自分のツイートが回数と共に表示されます。「コメントを読む」で、トータルで読まれた数が表示されます。

※ ReTweeter!
http://retweeter.unicco.in/

ReTweeter!で、リツイートの計測、分析を行う

ソーシャルプラグインの設置方法

　Twitterでは公式のソーシャルプラグインとして、次の4種類の「Twitterボタン」が用意されています。

リンクを共有する	クリックで該当記事へのリンクが貼られたツイートができ、サイトへの誘導が見込める
フォロー	クリックでフォロー。フォロワーの増加が期待できる
ハッシュタグ	ハッシュタグでツイートをしてもらいたいときに設置する
@ツイート	意見や感想などを募集するのに設置する

Twitterボタンの種類と特徴。
目的に合わせて選ぼう。

設置するには、以下のページにアクセスしましょう。

https://twitter.com/about/resources/buttons#tweet

プラグインの中から、設置したいボタンを選び、使用目的に合わせてオプションを設定します。

設定した形は、「コードのプリビューを見る」に完成イメージが表示されるので、参考にしてください。設定が済んだら、下に表示されるコードを、ボタンを設置したいサイトやページにコピー＆ペーストしましょう。

ボタンのオプション	ツイートする際のURLを設定
ツイート内テキスト	ページのタイトル、あるいは任意のテキストを設定
数を表示	ツイート数の表示／非表示を設定
@Twitterアカウント	設定するとツイートがメンションで送られてくる
推奨	@の後に設定したTwitterアカウントは、おすすめアカウントとして表示される
ハッシュタグ	設定するとツイートがハッシュタグ一覧で見られるようになる
ボタン(大)	チェックを付けると、ボタンの表示が大きくなる
言語設定	サイトに合わせて言語を設定できる

オプションの種類と設定内容

ウィジェットの利用

※ ウィジェット
ブログパーツと同義。

Twitterでは、公式のウィジェット※も用意されています。「プロフィールウェジット」や、リアルタイムに検索結果が表示できる「検索ウィジェット」、お気に入りが表示できる「お気に入りウィジェッ

ト」、リストをまとめて表示できる「リストウィジェット」などがあります。

設置するには、公式ページ（https://twitter.com/about/resources）で、ウィジェット欄の「全てのウィジェットを見る」をクリックします。

ウィジェットを設置したいサイトを、「自分のサイト」「Facebook」から選択してください。ここでは、自分のサイトの例で見ていきます。

プロフィールウィジェットを選択すると、サンプルが表示されます。「Preferences」で更新間隔や表示ツイート数などが設定できます。「Appearance」でウィジェットの配色が、「サイズ」でウィジェットのサイズが設定できます。

配色や表示数はここから設定

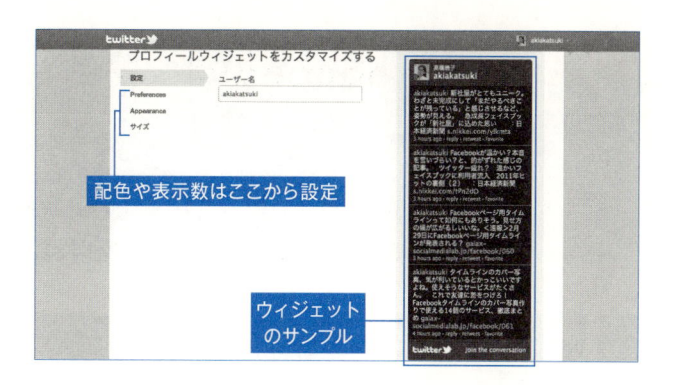

ウィジェット
のサンプル

2.2 Facebookの使い方

Facebookはとても多機能なSNSです。投稿文字数に事実上制限がなく、画像や映像などのリッチコンテンツにも対応しています。中でもFacebookページは無料で利用でき、ビジネスにおいて大変有効に使えます。

Facebookの主な機能

　Facebookは、ポータル型SNSのひとつです。世界に約8億人5千万人のユーザーがおり、世界一のSNSとして知られています。

　mixiなどの日本で普及している多くのSNSとは違い、**実名での利用が基本**であり、実名ではないと判断された場合は、アカウント停止になることがあります。一人につき1アカウントという決まりは徹底しており、利用する際にはルールを守って使う必要があります。

　動画、写真などのリッチコンテンツにも対応しており、ほかのソーシャルメディアの情報をまとめることができるため、情報のハブ化が可能です。通常投稿で6万文字以上、ノートなら文字数は無制限に書くことができます。

　「Facebookページ」と呼ばれるページ機能は、無料でビジネスに活用できます。Facebookページは、Facebookをビジネス用途で利用するには必須の機能です。特徴などについては後述します。

Facebookでできること

・Facebookページは検索対象になり、ホームページ的な使い方が可能

・情報発信、ユーザーとのコミュニケーション、情報の拡散など、さまざまな用途で使える

・個人アカウントで顧客と直接つながり、やりとりすることもできる

・チャット機能やグループ機能など、さまざまな機能が日常のビジネスに活用できる

Facebookのメリット

　Facebookは実名登録のため、個人アカウントは名刺代わりに使うことができます。メールアドレスを知らない知り合いとも簡単につながることができます。
　また、Facebookページには、ビジネス利用において見逃せないメリットがたくさんあります。

○ビジネス用でも無料で利用できる

　販促にかけるコストはできるだけ押さえたいもの。Facebookページなら無料で利用できるうえ、拡散も期待できます。

○ファン数25名以上で独自URLを取得

　Googleなどの検索サービスの検索対象となるため、SEO対策にも使え、Facebookユーザー以外にもアピールできます。また、独自URLの取得も可能なため、ブランディングにも役立ち、ユーザーに伝えやすくなります。

○画像や動画などにも対応

　画像や動画、その他アプリなどを駆使することで、一般的なウェブページで実装できる大抵のことはFacebookページ上でも実現できます。さらに、高機能なアクセス解析サービス「インサイト」が無料で使えるところも魅力のひとつです。

○世界中のユーザーにリーチ可能

　Facebookには世界中にユーザーがいるので、英語でページを作成すれば約8億5千万人のユーザーにリーチできます。

○ターゲットを詳細に設定すれば安価な広告が可能

　Facebookは実名で詳細なプロフィールが登録されているため、ターゲットを詳細に設定して広告を打つことができます。広告代理店などを挟まずに、ユーザーの反応を見ながら広告を管理できるため、高い効果が期待できます。

Facebookのデメリット

無料ですが、Facebookの規約を守らなければアカウント停止やFacebookページが使えなくなることがあります。

特に「プロモーションガイドライン」※に違反すると、Facebookページが停止されたり、Facebookページごと削除されることがあります。

具体的には、

※ プロモーションガイドライン
http://www.facebook.com/promotions_guidelines.php

> 金銭的な価値のある商品を参加者の一部が獲得できるプロモーションを行う場合、「Wildfire」など指定のサードパーティが提供するFacebookアプリを使う必要がある
>
> キャンペーンがFacebook公式のものではないことを表明する必要がある
>
> Facebookページに「いいね！」しただけで自動的にキャンペーンに参加したこととはしない
>
> 「いいね！」などの機能を投票手段としてはいけない

などの規約があるので、必ず事前に読んでおきましょう。

また、Facebookは仕様の変更が頻繁にあり、事前告知はほとんどありません。仕様変更のたびにカスタマイズなどの必要が出てくることは覚悟する必要があるでしょう。

ユーザー数とユーザー層

ニールセン・ネットレイティングスの2011年8月のインターネット利用動向調査によると、日本のFacebookのPCによる利用者数は1,000万人を超えました。利用者数が200万人から1,000万人に達するまでにかかった期間は約1年で、急速に利用者数が増えています。

Socialbakers※によると、2012年2月時点で25～35歳が一番多く36%、35～44歳が23%、18～24歳が23%、45～54歳が10%という結果になっています。ユーザーは順調に増え続けており、それに伴ってFacebookページも増加しています。

※ Socialbakers
Socialbakers（http://www.socialbakers.com/）は、Facebook、Twitter、Google+など各SNSの国別ユーザー数、フォロワー数、ランキングなどがわかるサイト。

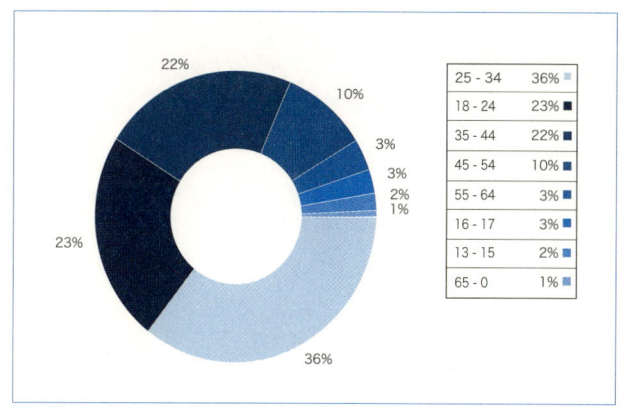

25 - 34	36%
18 - 24	23%
35 - 44	22%
45 - 54	10%
55 - 64	3%
16 - 17	3%
13 - 15	2%
65 - 0	1%

Facebookのユーザー層（出典：Socialbakers）

Facebook最大の特徴「エッジランク」

　Facebookをビジネス用途で活用するうえで、必ず理解しておきたいのが「エッジランク」です。

　エッジランクとは、Facebook特有のアルゴリズムです。Twitterのタイムラインに当たるニュースフィードには、友達やFacebookページの近況、「いいね！」、シェア、誰と誰が友達になったかなどが表示されます。「最新情報」をクリックすると友達とFacebookページの情報が合わせて250件まで表示されます。しかし、数がそれ以上になってしまうと、ハイライト表示をした際、Facebookにより重要ではないと判断された情報は表示されなくなってしまいます。この判断の基準となるのが、「エッジランク」なのです。

　エッジランクを求める式は以下の通りです。

> エッジランク＝相手との親密度×Facebook内のアクションの種類と数×情報の新しさ

　親密度は、メッセージやコメント、プロフィールの閲覧などの交流、共通の友人の数や同じグループに所属しているなどの複数の条件で決まります。しかも、自分からではなく相手からのアクションがあることが重視されます。

Facebook内のアクションとは、「いいね！」やコメント、シェアなどのことで、複数のアクションがある方が高くなります。また、「いいね！」よりコメントの方が重視されます。

上記の条件に、情報の新しさが加わって、ユーザーに表示されるかどうかが決まるというわけです。

エッジランクのポイントは、**ただ友達としてつながっていても、親しくなければ相手のフィードに表示さえされない可能性がある**というところです。つまり、交流しない相手といくら繋がっていても意味がないということになります。

アカウントの作成方法

Facebookのアカウントを作成するには、Facebook（http://www.facebook.com/）にアクセスし、姓名、メールアドレス、パスワード、性別、生年月日を入力して「アカウント登録」をクリックします。

Facebookでは、実名で詳細なプロフィールを登録する必要があります。ビジネス利用でも一人につき1アカウントという決まりがあるため、一人一人必ず正確に登録してください。

Twitterとは違い、匿名での登録や複数アカウント、団体や架空のキャラクターなどでアカウントを作成することはできません。実名ではないと判断された場合、利用停止になることがあるので、注意が必要です。

なお、Facebookページを運用する場合は、運用者を明示することも隠すこともできるようになっています。

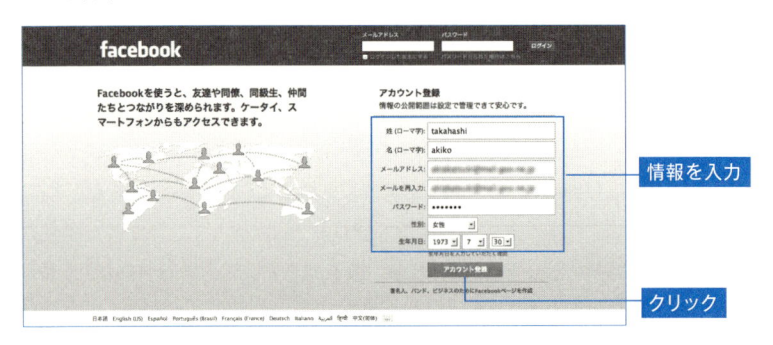

情報を入力

クリック

セキュリティチェックの文字画像が表示されるので、表示されている文字を入力し、「アカウント登録」をクリックします。

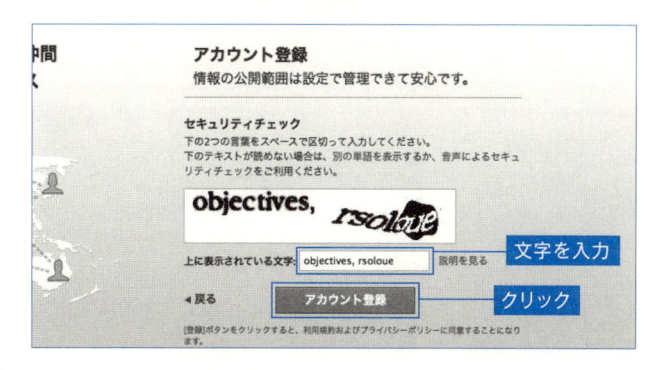

知り合いを探す画面になります。

auケータイを利用している場合※は、ケータイとPCから簡単に友達を探すことができます。使用していない場合は、メールサービスを選んで「知り合いを検索」することで、アドレス帳からユーザーを探し出すことができます。

「スキップ」をクリックしてこの過程をスキップし、後で探してもかまいません。

※ auケータイを利用している場合
4桁のPINコードで認証できるほか、PCでau one-IDとパスワードを使って認証できる。

プロフィール情報として、高校名、大学・専門学校名、それぞれの卒業年度、勤務先を正確に登録し、「保存して続行」をクリックします。同級生などの友達候補が表示されるので、知り合いがいたら「友達になる」で友達になってもいいでしょう。これも後から登録、編集できます。「保存して続行」をクリックします。

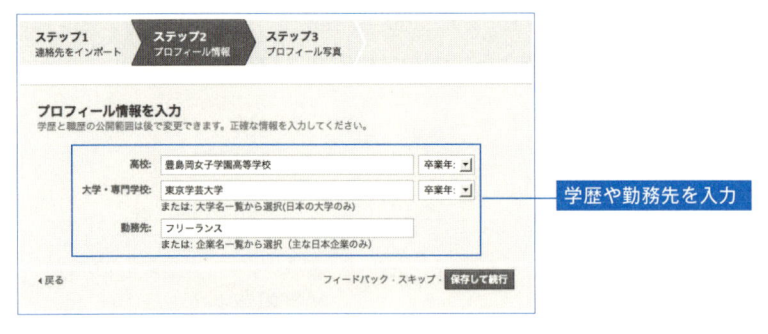

プロフィール写真の登録画面になります。

「写真を選択」をクリックすると、PCに保存してある写真を選択する画面になるので、選択してアップロードし、「保存して続行」をクリックします。このとき「写真を撮る」を選ぶと、PCで撮影ができます。

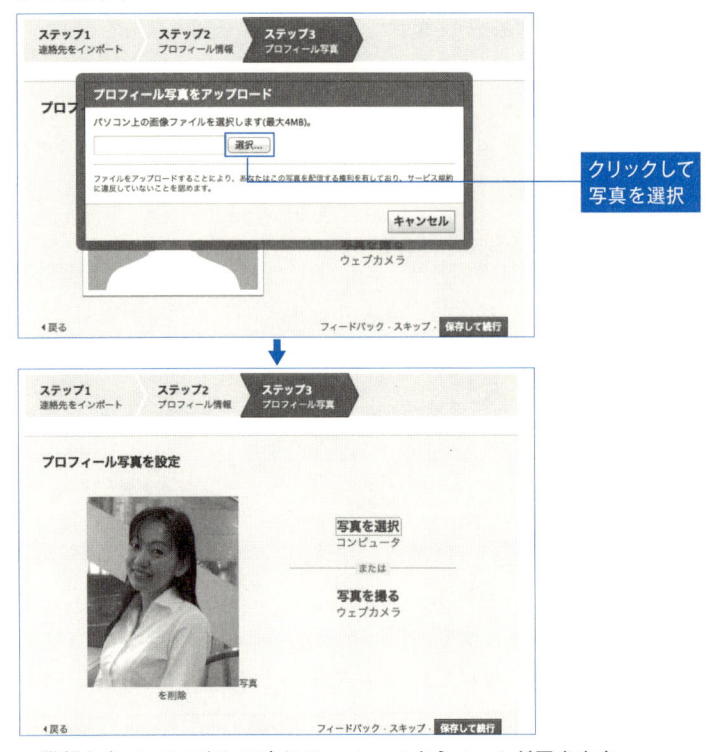

登録したメールアドレス宛にFacebookからメールが届きます。本文の中の「スタート」をクリックすれば、正式な登録が完了です。

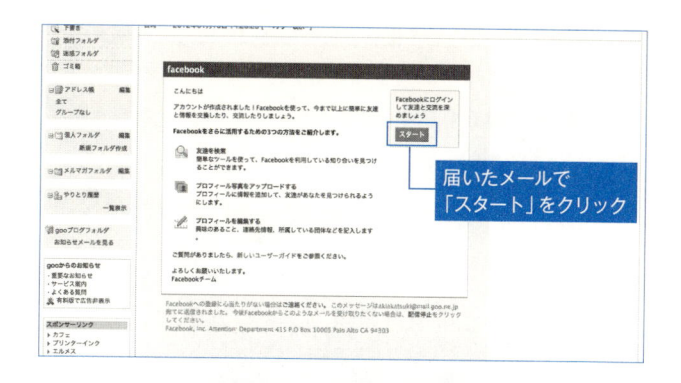

届いたメールで
「スタート」をクリック

販促に役立つ各種機能

　Facebookは高機能で、ビジネスに使いたい機能が豊富にそろっています。いくつかおすすめの機能を紹介します。

クエスチョン

　個人アカウント、またはFacebookページで、「クエスチョン」を使うことができます。クエスチョンとは、自由に設問を立て、友達やファンを超えて広くアンケートを採ることができる機能です。選択肢はこちらで用意したもの以外にも、ユーザーが追加できるように設定することもできます。ユーザーから広く意見を集めたいときに役立ちます。

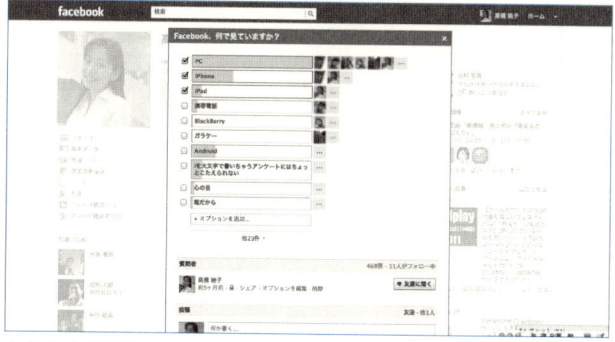

クエスチョンの選択肢は、ユーザー側が追加することもできる

写真に人物・商品・ブランドのタグを付ける

　写真に、写っている人物や商品、ブランドなどのタグを付けるこ

とができます。人物の場合はタグ付けした相手に通知が届きます。タグ付けできるのは写真の投稿者とその友達だけですが、ある新年の週末には7億5千万枚もの写真が投稿されたことを考えると、プロモーション効果が期待できるかもしれません。

写真には写っている人物、商品、ブランドなどのタブが付けられる。

チェックイン

スマートフォンなどのGPS対応端末でFacebookを利用すると、チェックイン機能が使えます。チェックインとは、位置情報を使って、ある場所やイベントなどに自分がいることを知らせる行為です。チェックインすることで、友達に今いる場所を知らせたり、友達がいる場所のチェックができます。

iPhoneの場合、アプリを起動して、自分のページ上部の「チェックイン」をタップすると、近くのスポットが一覧で表示されます。スポットの中から選ぶか、場所名で検索して「投稿する」をタップすることでチェックインができます。

また、一緒にいる友達を追加すると一緒にチェ

近隣のスポットが表示される。見つからない場合は検索しよう

ックインでき、チェックインには写真も添付できます。

Facebookチェックインクーポン

　Facebookでチェックインしたときに、チェックインクーポンが使える場合があります。

　iPhoneの場合、アプリを起動して、自分のページ上部の「チェックイン」をタップすると、近くのスポットが一覧で表示されます。黄色のクーポンが表示されているスポットにチェックインをすると、チェックインクーポンが利用できます。チェックインクーポンには、割引以外にもさまざまな特典があり、飲食店以外でも工夫次第で使える機能です。

　Facebookでチェックインすることがクーポン利用の条件のため、Facebook内での拡散も期待できます。

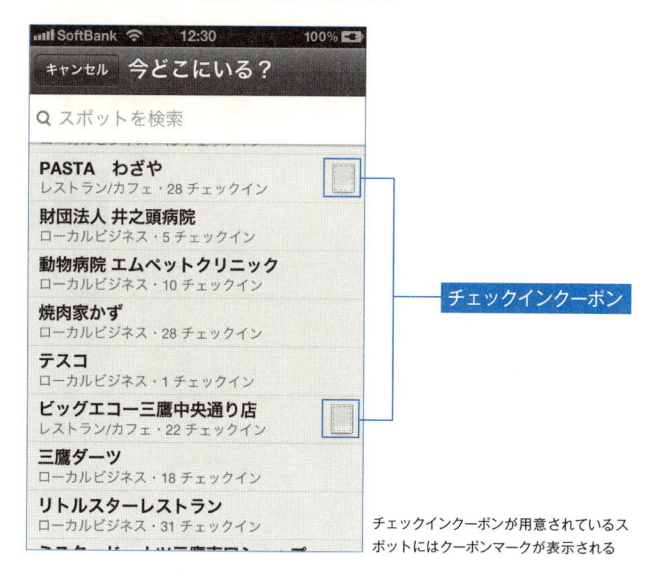

チェックインクーポンが用意されているスポットにはクーポンマークが表示される

Facebookページの作成方法

Facebookページの作成

　Facebookページを作成するには、任意のFacebookページの画面左下にある「Facebookページを作成」をクリックします。

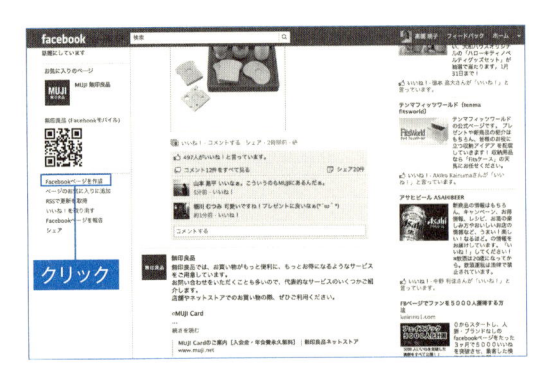

「地域ビジネスまたは場所」「会社名または団体名」「ブランドまたは製品」「アーティスト、バンドまたは著名人」「芸能・エンタメ」「慈善活動またはコミュニティ」から、作りたいFacebookページのカテゴリを選択します。

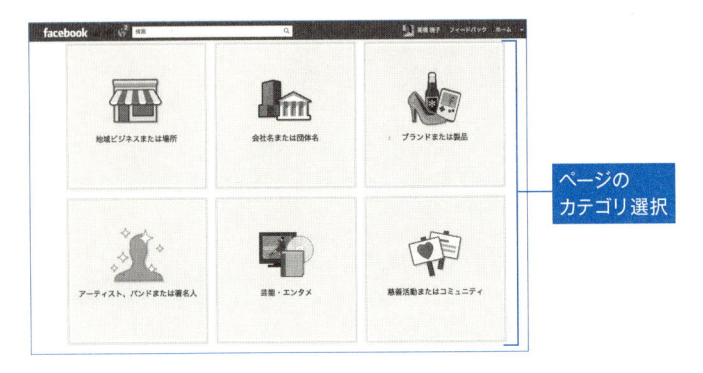

必要項目を記入し、「私はFacebookページ規約に同意します」の前のチェックボックスにチェックを入れます。

PCから画像をアップロードするか、すでにアップ済みの写真を使ってプロフィール写真を設定しましょう。設定が済んだら、「続行」をクリックします。

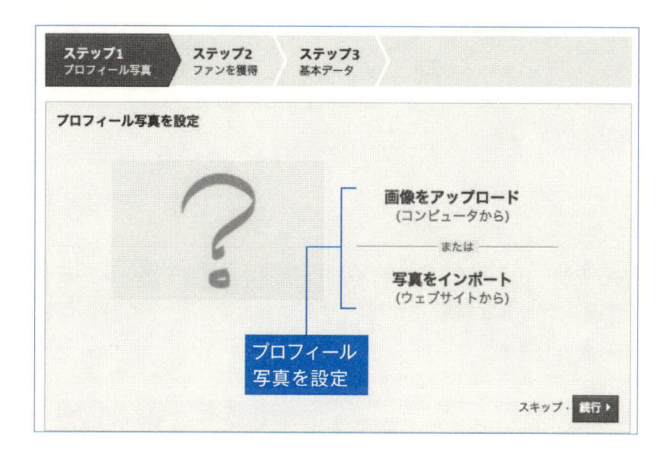

　友人に通知するための画面になります。この画面で友達を招待したり、情報をシェアする設定ができますが、招待やシェアはページが完成してからすることをおすすめします。「続行」をクリックします。

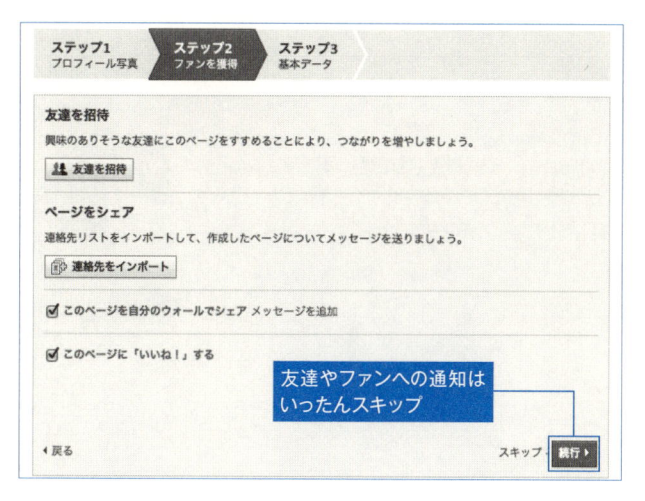

　ウェブサイトや、何についてのFacebookページなのかなどの基本情報を登録します。入力が済んだら「続行」をクリックします。

2 各ソーシャルメディアの使い方

基本のFacebookページが完成します。スタート画面上部にある「基本データを編集」をクリックすることで、ページ作成画面に切り替わります。

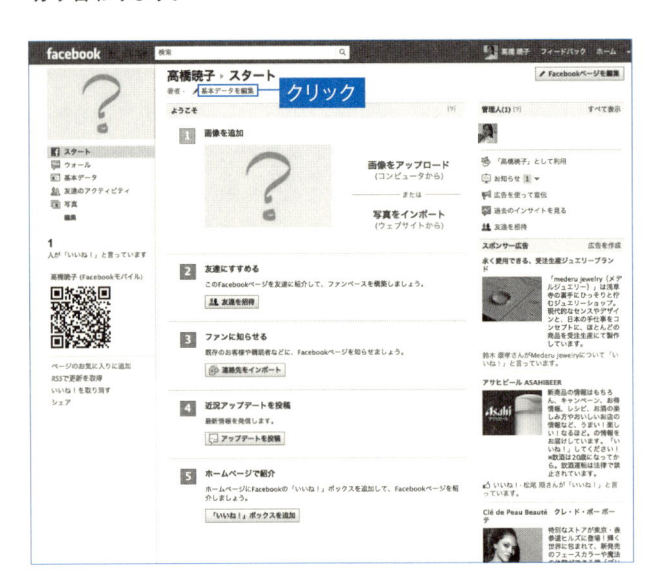

各設定画面の機能

ここでは、例として「アーティスト、バンドまたは著名人」カテゴリで作成しています。

「基本設定」では、投稿の設定やメールによるお知らせの有無を設定できます。

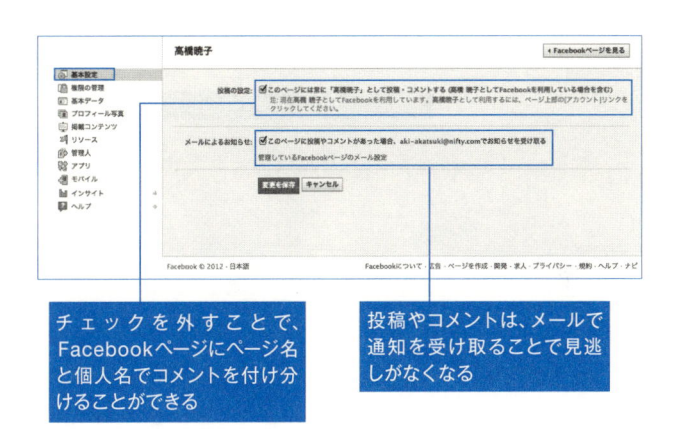

> チェックを外すことで、Facebookページにページ名と個人名でコメントを付け分けることができる

> 投稿やコメントは、メールで通知を受け取ることで見逃しがなくなる

「権限の管理」では、閲覧や投稿などの制限ができます。

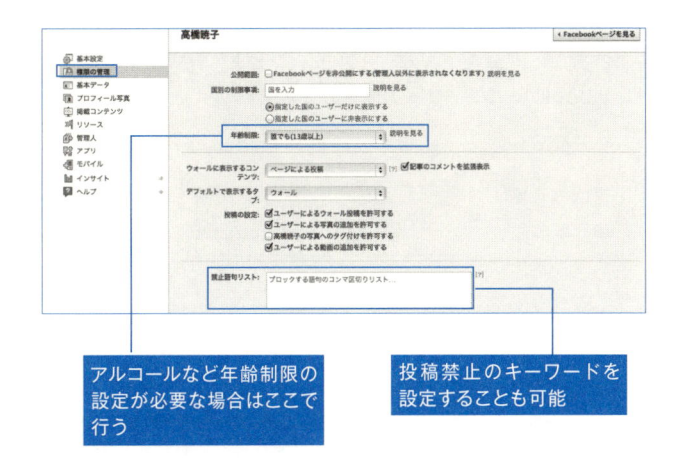

> アルコールなど年齢制限の設定が必要な場合はここで行う

> 投稿禁止のキーワードを設定することも可能

2 各ソーシャルメディアの使い方

「基本データ」では、さらに詳細なデータを登録できます。

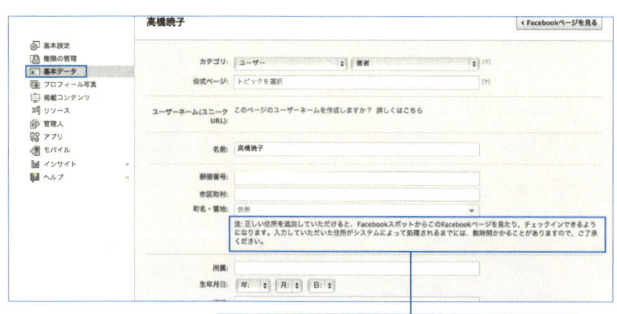

説明はなるべく丁寧に詳しく書き込もう

「プロフィール写真」は写真の登録ができる画面です。

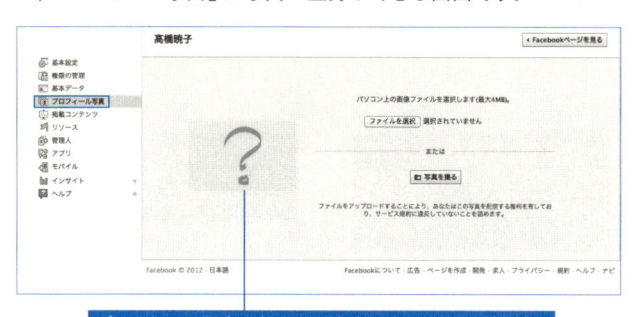

プロフィール写真はわかりやすく目立つものがおすすめ

「掲載コンテンツ」では、お気に入りのFacebookページ、Facebookページオーナーの管理ができます。

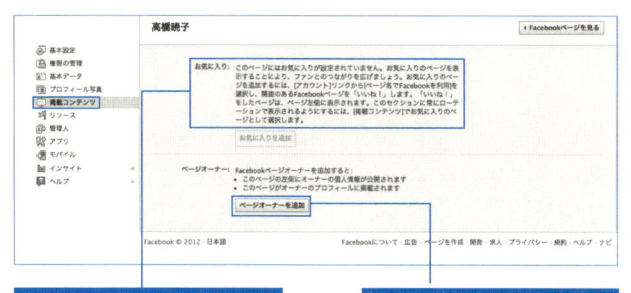

関連するFacebookページは「いいね！」をしよう。ページ左に表示される

ページオーナーを追加すると、ページ左とプロフィールの両方に表示される

088

「リソース」では、ソーシャルプラグインの利用やTwitterとのリンク、ガイドラインの参照などができます。

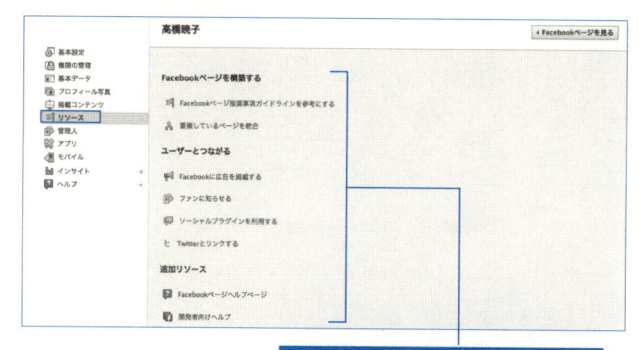

情報を参照したいときや、各機能を
使いたいときはここからたどる

「管理人」では、管理人に追加したい人の名前を入力し、「変更を保存」で管理人の追加ができます。

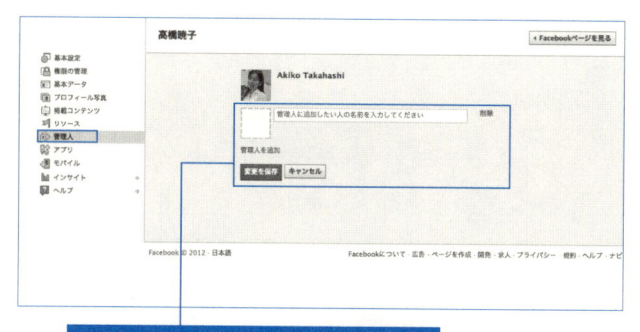

管理人の追加ができる。企業ページの場合、
複数の管理人がいた方が安心だ

「アプリ」では、写真やリンク、イベント、ノート、動画などのアプリを追加できます。Facebookには無料からさまざまな機能のアプリが用意されているので、ぜひ必要なものを追加しましょう。

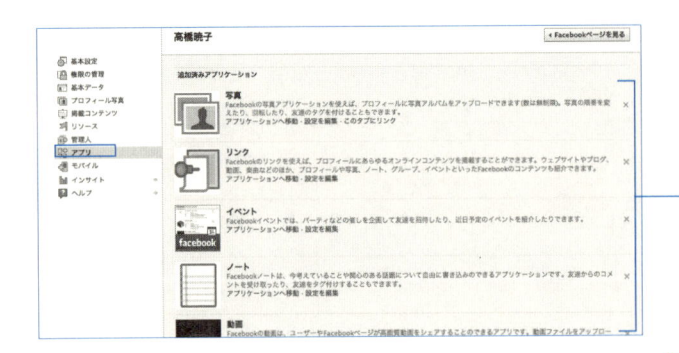

2 各ソーシャルメディアの使い方

> 追加済みアプリを
> 確認できる

　「モバイル」では、携帯電話での活用がわかります。専用メールアドレスがわかるので、登録しておくことで、メールを使ってアップロードできるようになります。

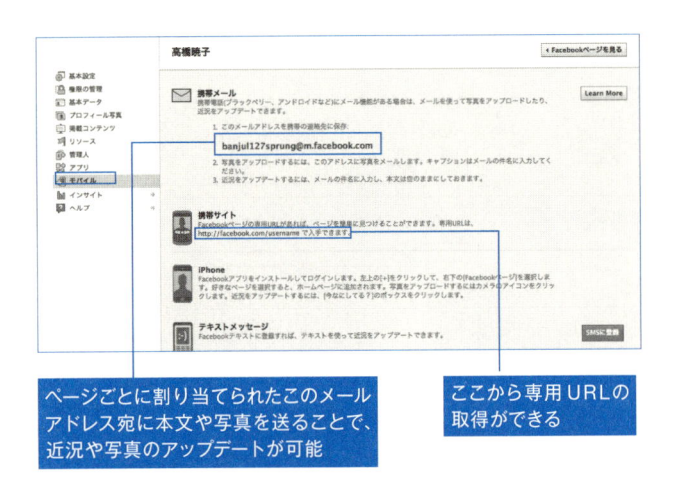

> ページごとに割り当てられたこのメール
> アドレス宛に本文や写真を送ることで、
> 近況や写真のアップデートが可能

> ここから専用URLの
> 取得ができる

携帯電話／スマートフォンからの投稿、閲覧

※ モバイルサイト
http://m.facebook.com

スマートフォンから投稿する場合は、Facebookアプリをダウンロードしておくと便利です。携帯電話の場合は、モバイルサイト※を利用しましょう。

例としてiPhoneアプリの使い方を紹介します。iPhoneの場合、FacebookアプリをApp Storeでダウンロードし、ダウンロードしたアプリを起動、メールアドレスとパスワードを入力してログインします。ログインすると、ニュースフィードが表示されます。

左上のマークをタップすると、メニューが表示されます。使いたい機能やページなどをタップすると、そのページが表示されます。上部には検索窓が表示されているので、検索したいときはここに単語を入力検索しましょう。

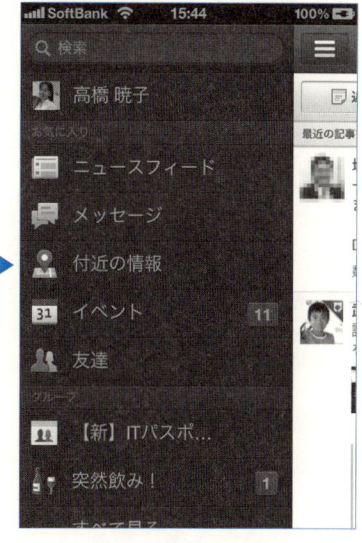

タップ

左上のマークをタップするとメニュー画面が表示される

上部「近況」をタップすると近況投稿画面になります。本文を書き、「投稿する」で投稿できます。

このとき、カメラマークをタップすると写真の添付ができます。位置マークをタップすると、現在いる場所をタグ付けできます。人マークをタップすると、一緒にいる友達を写真にタグ付けすることができます。

091

2 各ソーシャルメディアの使い方

　右の地球マークをタップすると、公開範囲選択画面となります。投稿ごとに公開範囲を設定できるので、ぜひ活用しましょう。

公開範囲を設定

一緒にいる友達をタグ付けしたり、写真を添付したり、場所をタグ付けすることができる

　上部の「写真」をタップすると、画像選択画面が表示されます。「写真または動画を撮る」で撮影でき、「ライブラリから選択」をタップすると写真選択画面になります。写真を選択して「添付」で本文を書く画面になるので、本文を記入して「投稿する」をクリックして投稿しましょう。

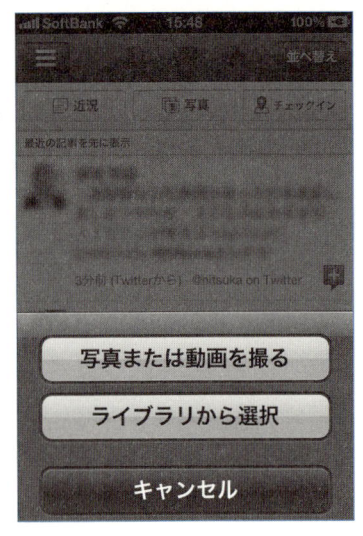

新たに撮影するか、すでにある画像から選択

「チェックイン」をタップすると。付近のスポットが表示されます。選択して、本文、一緒にいる人、画像などを選択して「投稿する」で投稿しましょう。

チェックインで自分のいる場所を友達に知らせて場所をおすすめしたり、近くにいる人と会える可能性もある

　基本画面の上部にある人マークは友達リクエストがあった場合に数字が表示され、ここをタップすることで承認、拒否ができます。
　真ん中の吹き出しマークはメッセージ欄で、メッセージがあるときにはここに数字が表示されます。数字をタップすることで過去のメッセージを読んだり、新規にメッセージを書いて送ることができます。
　右の地球マークはお知らせ欄です。「いいね！」やコメントをもらったときなどに数字が表示されるので、タップして確認しましょう。
　なお、右上にある「並べ替え」をタップすると、ハイライト記事と最新表示のどちらを表示するかを選択できます。

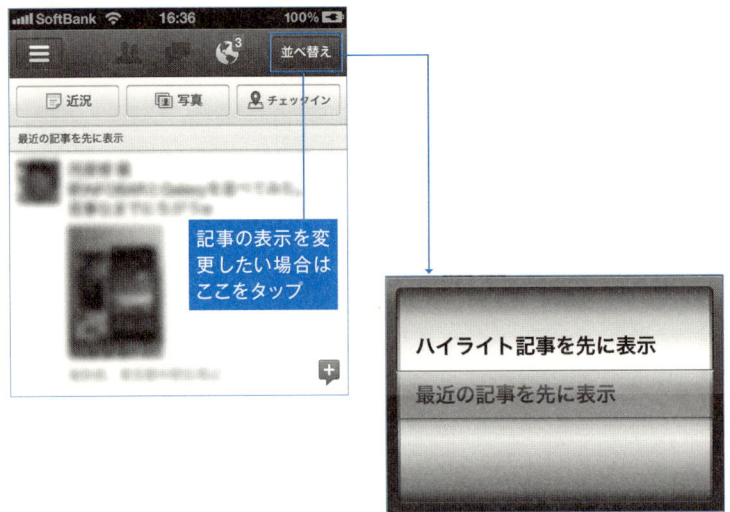

インサイトの利用方法

　インサイトとは、Facebookページに「いいね！」ボタンをクリックしたユーザーの属性（性別、年齢、地域など）やFacebookページ内での活動状況を無料で詳細に分析できる機能です。
　Facebookページオーナーなら自分のページのインサイトを見ることができ、30名以上の「いいね！」ユーザーがいればインサイトのすべての機能が利用できます。

自分がオーナーをしているFacebookページを開き、画面右側の「過去のインサイトを見る」をクリックします。

最初の画面では、アクティブユーザーの推移、インタラクション（投稿表示数／Facebookページの投稿がニュースフィード上で閲覧された回数、投稿への反応／Facebookページの投稿に対する「いいね！」やコメント回数）が確認できます。

この画面は、まさにインサイトの核に当たります。各項目の詳細は、「ユーザー」や「インタラクション」をクリックすることでわかります。全体にグラフの数値は多ければ多いほどいいので、減っていたら新たな投稿をするなど対策を考えましょう。

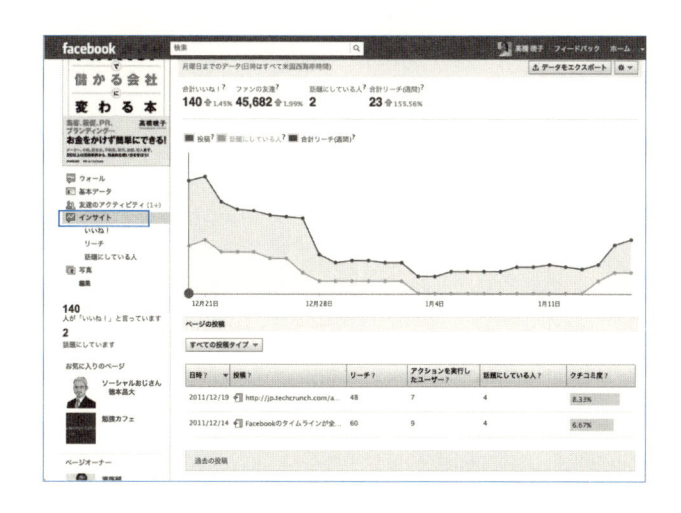

2 各ソーシャルメディアの使い方

　画面左の「いいね！」をクリックすると、ページに「いいね！」した人の属性と、ページに対する「いいね！」をされた場所（ページ自体、ニュースフィード、外部サイトなど）がわかります。

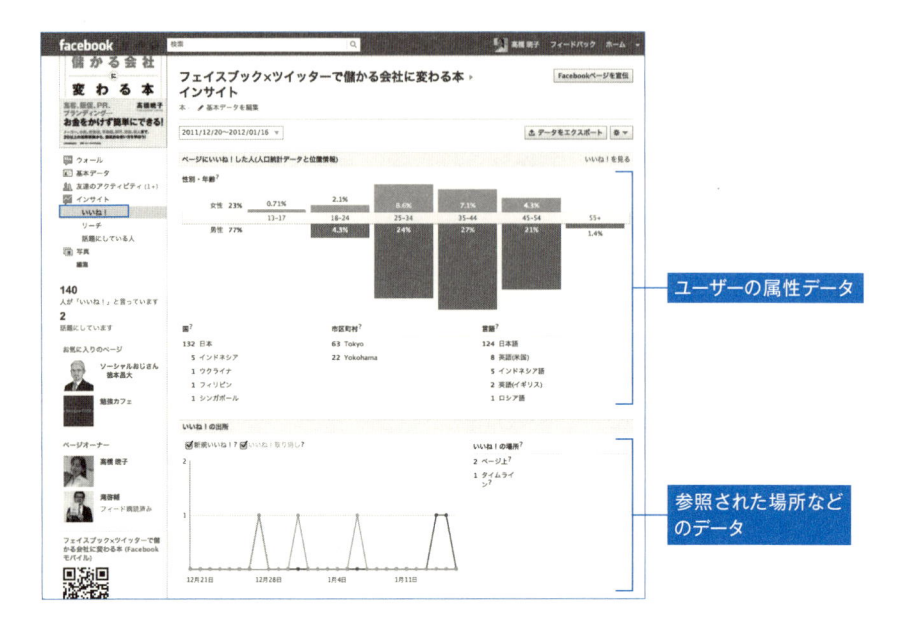

　「リーチ」をクリックすると、リーチした人の統計データ・場所、リーチ方法と頻度、ページビューや外部リンク元などがわかります。なお、リーチした人の統計データ・場所は、選択した日付内で30人以上リーチした場合のみ表示されます。

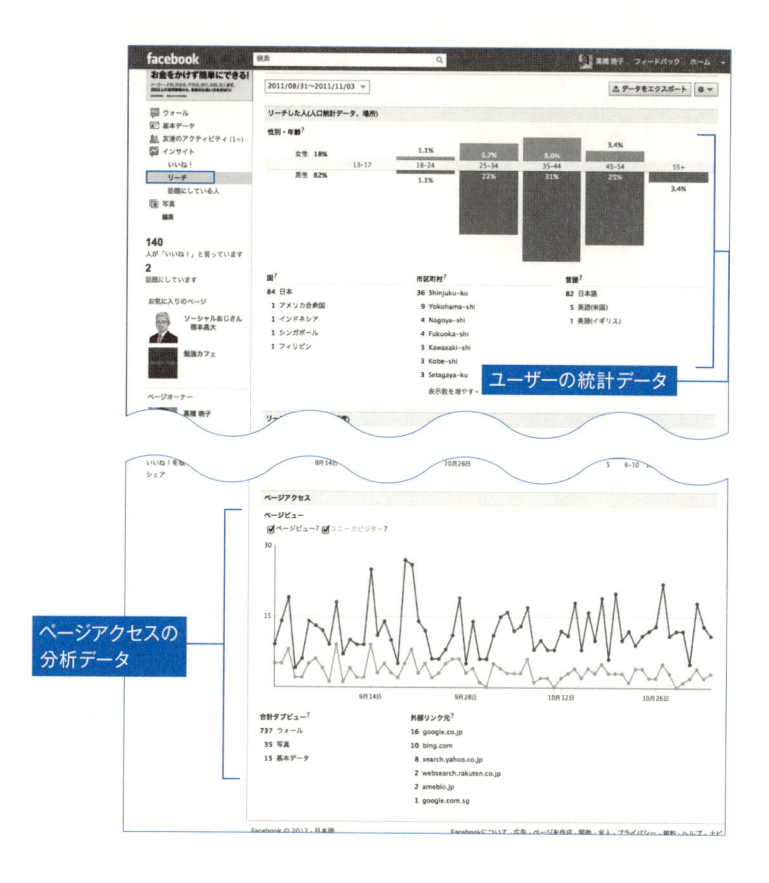

「話題にしている人」をクリックすると、ページを話題にしている人の人口統計データ・場所、話題にしている方法がわかります。なお、ページを話題にしている人の人口統計データ・場所は、選択した日付内で30人以上リーチした場合のみ表示されます。

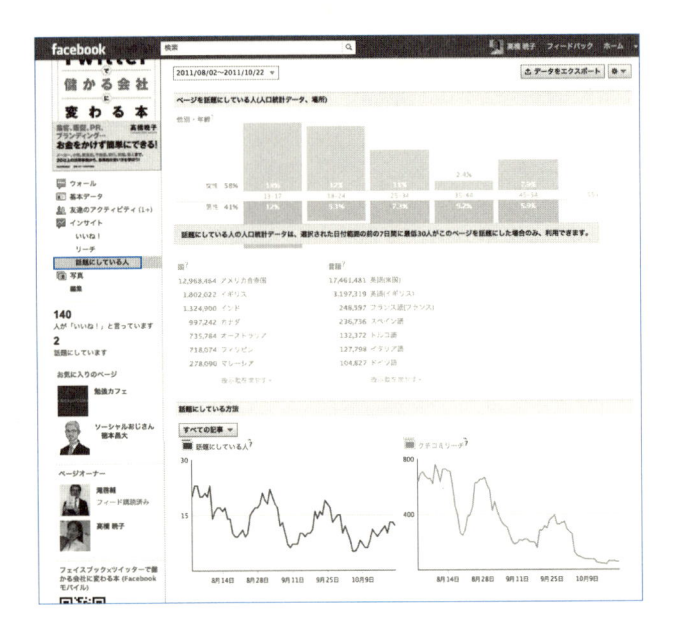

そのほか、Skypeを利用したビデオチャット機能、非公開でやりとりができるグループ機能など、日常のビジネスに生かしたい機能はたくさんあります。ぜひうまく取り入れて活用しましょう。

おすすめのFacebookアプリ

Facebookには多くのアプリが用意されています。さまざまな機能のものがあるので、必要なものをうまく取り入れましょう。

Wildfire

「Wildfire」※は、Facebookページ上でキャンペーンなどを行う際に使えるアプリです。Twitter上でも使えます。懸賞、新規登録キャンペーン、共同購入、クーポンの配布、写真や動画のコンテスト、バーチャルグッズのギフト、クイズなどのキャンペーンが実施できます（有償）。

※ Wildfire
http://www.wildfireapp.com/

Wildfireは、キャンペーンを行う際に便利なマーケティングアプリ

RSS Graffiti

※ RSS Graffiti
http://www.facebook.com/RSS.Graffiti

「RSS Graffiti」※は、ブログの更新情報を自動的にFacebook上に流すことができるアプリです。公式ブログなどと連動させて自動的に流すことでコンテンツとできるでしょう。

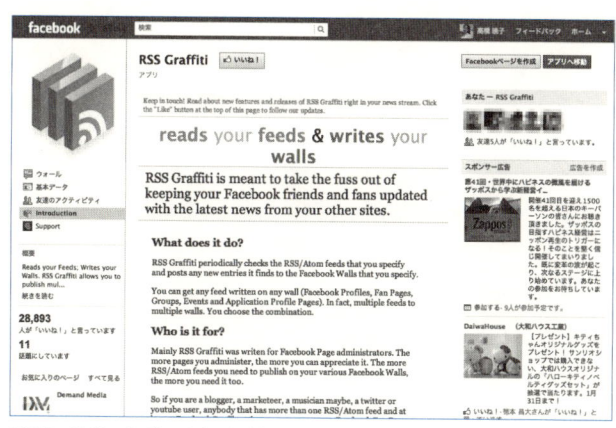

RSS Graffitiは、ブロガーはもちろんビジネスでも役立つブログ連携ツール

Hivelo Social Apps

※ Hivelo Social Apps
http://social.hivelocity.co.jp/

「Hivelo Social Apps」※は、無料でFacebookページがカスタマイズできるアプリです。Twitterのタイムライン表示、お店の地図表示、商品情報紹介、ウェルカムページの作成など、多くのことが実現できます。

099

Hivelo Social Appsを使えば、誰でも簡単にページのカスタマイズが可能だ

ソーシャルプラグインの種類

ソーシャルプラグインを利用すると、PVの増加が見込めます。

例えば「いいね！」ボックスを設置することでファンを増やす窓口としたり、「いいね！」ボタンを設置することで「いいね！」されやすくなり、友達の友達にまで届くようになります。

ソーシャルプラグイン※の種類は10種類あり、それぞれ、iFrameかXFBML・HTML5のどちらか、あるいはすべてで実装できます（iFrameとXFBML・HTML5の詳細については後述）。それぞれの特徴は、以下の通りです。

※ ソーシャルプラグイン
設定は、http://developers.facebook.com/docs/plugins/から行う

Like Button

「いいね！」ボタンを設置できます。友達全員に表示され、iFrame、XFBML、HTML5で実装できます。

Send Button

送り先を選んでメッセージを送信できるボタンです。「いいね！」ボタンよりきめ細やかな対応が可能です。XFBML、HTML5で実装できます。

Subscribe Button

フィード購読ボタンを設置できます。友達にならずともフィード購読が可能なため、ブランディングに使いたいという場合におすすめです。iFrameとXFBML、HTML5で実装できます。

Comments

コメントボックスを設置できます。Facebookアカウントで記事などに対するコメントを入力できます。コメントしたユーザーのウォールにはコメントと記事へのリンクが表示され、Facebook上でそのリンクに対して返信すると、その内容は記事にも反映される仕組みです。記事の露出を増やす効果が期待できます。XFBML、HTML5で実装できます。

Activity Feed

サイトやブログ上で起きたFacebookの「いいね！」やシェアなどを表示できます。サイト内の注目記事が表示されるため、ブログなどへの実装がおすすめです。iFrame、XFBML、HTML5で実装できます。

Recommendations

おすすめボタンを設置できます。ユーザーに対して設置したサイト内のおすすめコンテンツを表示します。ユーザーがFacebookにログインしていれば、ユーザーの友達が「いいね！」やシェアなどをしたコンテンツが一覧で表示されます。iFrame、XFBML、HTML5で実装できます。

Like Box

「いいね！」ボックスを設置できます。サイトを訪れたユーザーが「いいね！」をすることでFacebookページのファンになることが可能です。友達の誰がファンになっているのかがわかるうえ、更新情報の一部が見えるため、ファンを増やす効果があります。iFrame、XFBML、HTML5で実装できます。

Login Button

ログインボタンを設置できます。Facebookのアカウントでサイトにログインできるようになります。ユーザーがログインしていない場合はログインボタン、ログインしている場合はサイトに登

録したユーザーのプロフィール画像が表示されます。XFBML、HTML5で実装できます。

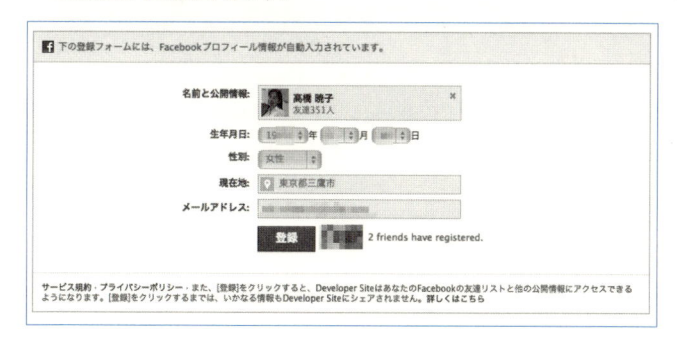

Registration

Facebookユーザー・非Facebookユーザー対応のログインボタンを設置できます。ユーザーがサイト登録時にFacebookアカウントで登録できるほか、アカウントを持たないユーザーの登録にも対応しています。iFrame、XFBML、HTML5で実装できます。

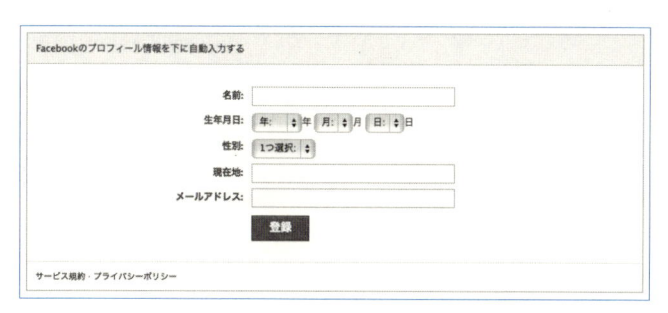

Facepile

設置したサイトにFacebookアカウントでログインしているユーザー、ページに対して「いいね！」したユーザーのプロフィール画像を表示できます。両方、あるいは片方のみでも表示可能です。iFrame、XFBML、HTML5で実装できます。

Live Stream

ユーザーが設置したサイトやアプリケーションを使用しているとき、リアルタイムでコメントや行動を共有できるアプリです。リアルタイムイベントなどでの利用が可能で、大統領就任式でも活用されました。XFBML、HTML5で実装できます。

ソーシャルプラグインの設置方法

ここでは、Like Buttonの設置を例に解説します。
ソーシャルプラグイン（http://developers.facebook.com/docs/plugins/）の「Like Button」ページ（http://developers.facebook.com/docs/reference/plugins/like/）を開いたら、必要項目を入力して「Get Code」をクリックします。

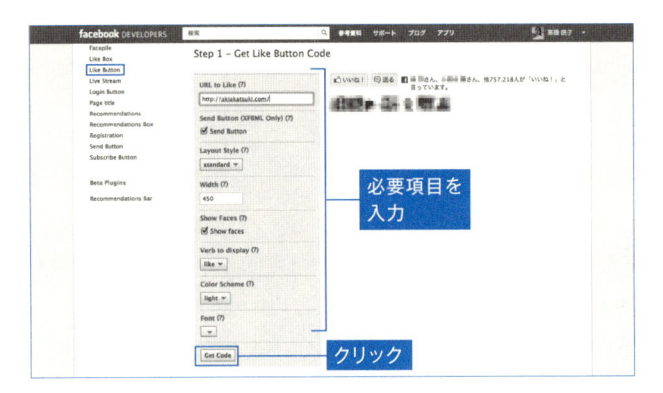

コードが生成されます。iFrame、XFBML、HTML5をクリックすることで、それぞれに対応したコードが表示されます。

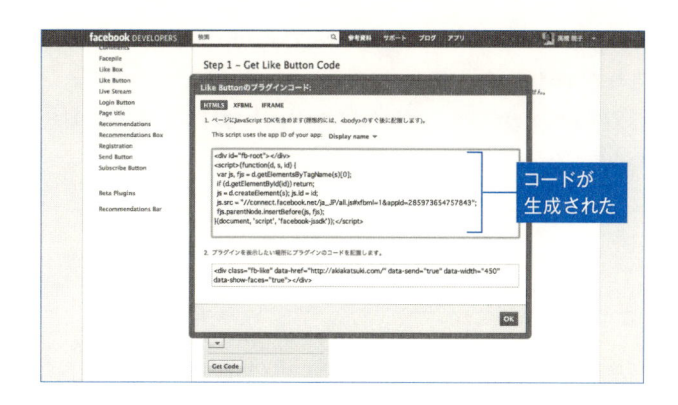

各項目の意味は以下の通りです。

URL to Like	設置するサイトやページのURLを入力
Send Button	Send Buttonプラグインも同時に設置する場合にチェックを付ける。なお、Like ButtonはiFrame・XFBML・HTML5のいずれでも設置可能だが、Send ButtonはXFBML・HTML5のみ設置可能
Layout Syle	「いいね！」ボタンの表示の仕方が選べる
Standard	ボタンをクリックした後にコメントの投稿ができるようにしたい場合は、Standardを指定
button_count	チェックを付けると「いいね！」ボタンの右にボタンを押したユーザーの数が表示される
box_count	チェックを付けると「いいね！」ボタン上に、ボタンを押したユーザーの数が表示される
Show Faces	Layout SyleでStandardを選んだ場合、「いいね！」を押したユーザーの顔写真の表示の有無を選択
Width	プラグインの横幅を指定。単位はピクセル
Verb to display	ボタンの見せ方を「いいね！」か「おすすめ」のどちらにするかを選択
Font	特に指定しなくてよい
Color Scheme	ボタンの色を指定できる

Like Buttonの設定項目

HTML5／iFrame／XFBMLの違い

ソーシャルプラグインを実装する場合、HTML5、iFrame、XFBMLのいずれを使ってもかまいません。iFrameの方が実装が簡単で表示速度は速くなりますが、XFBMLでなければ設置できないボタンがあるので、自身のサイトに合わせて選びましょう。

なお、iFrameでの実装は、ページに指定のコードを記載すれば可能ですが、XFBMLでの実装は別途アプリケーションIDの発行

とJava Script SDKの設定が必要です。サイトがHTML5で作られている場合は、HTML5を使うといいでしょう。

XFBMLでの実装ではまず以下のURLから、「アプリ」→「新しいアプリケーションを作成」でApp IDを発行します。

```
https://developers.facebook.com/
```

設置するページのbody要素内に、JavaScript SDKのコードを追加しましょう。先ほど取得したApp IDは、以下の「App ID」欄に入力してください。

```
<div id="fb-root"></div>
<script>
  window.fbAsyncInit = function() {
    FB.init({appId: '[App ID]', status: true, cookie: true,
        xfbml: true});     ← App IDはここに入れる
  };
  (function() {
    var e = document.createElement('script'); e.async = true;
    e.src = document.location.protocol +
      '//connect.facebook.net/en_US/all.js';
    document.getElementById('fb-root').appendChild(e);
  }());
</script>
```

XFBMLでの実装例

2.3 位置情報サービスの使い方

携帯電話などのGPS機能を備えた端末によりユーザーの位置情報を取得し、それに合わせた情報を提供します。このサービスを使うと場所と情報を紐付かせることができるため、飲食店や実店舗系のビジネスで特に効果があります。

位置情報サービスの種類

「位置情報サービス」とは、携帯電話などGPS機能を備えた端末からユーザーが現在いる位置を取得し、それに合わせた情報を提供するサービスの総称です。

Facebookのチェックイン機能をはじめ、「ロケタッチ」、「Forsquare」、「コロニーな生活☆PLUS」、「ケータイ国盗り合戦」などさまざまなサービスがあります。それぞれにユーザー層やコストなど違いがあるので、特徴に合わせて、目的のターゲットと合うか、キャンペーンのやりやすさ、かかる費用などで選択しましょう。

飲食店のような実店舗型のビジネスとは特に相性がいいので、ぜひ取り入れたいサービスです。これまで**実店舗ビジネスは立地がすべてと言われてきましたが、ぐるなびや食べログなどのクチコミ情報**※**を入手できるウェブが普及したことで、立地があまり良くなくても集客できるようになりました。位置情報サービスを活用することで、さらに来店に繋げることができる可能性があります。

※ 口コミ情報
ちなみに昨今は、口コミ系サービスにけるステルスマーケティング（通称「ステマ」。消費者に気づかれないように宣伝行為を行うこと）が問題視されている側面も。2012年1月、食べログへの投稿の一部が業者によるステマであるとされて話題となった。

ロケタッチの使い方

ロケタッチ※は、ライブドアが提供するサービスで、さまざまな企業とのコラボレーションやキャンペーンが行われています。スマートフォンなどにアプリをダウンロードすると、ユーザーの位置情報に応じてさまざまな場所にタッチできます。「タッチ」とは、位置情報を使い、ある場所に自分がいることを知らせることです。タッチ内容に応じてシールが入手でき、タッチ回数が一番多いユーザ

※ ロケタッチ
http://tou.ch/

2 各ソーシャルメディアの使い方

ーはその場所のリーダーとなります。タッチした情報はTwitterやFacebookなどに流すことができる仕組みです。

iPhoneの場合、ロケタッチのアプリ※をApp Storeでダウンロードし、ダウンロードしたアプリを起動します。ログインは、LivedoorIDのほか、Twitter、Facebook、mixiのアカウントで利用できます。「ガイドラインに同意する」にチェックを入れて、「ロケタッチをはじめる！」をクリックすれば開始できます。

なお、TwitterやFacebookと連携すると、後で情報をシェアしやすくなります。それぞれのアカウントでも連携させておきましょう。

※ **ロケタッチのアプリ**
もちろんAndroid版も用意されている。Android Marketで入手しよう。

ロケタッチのタイムライン。自分と友達のタッチ状況がわかる

任意の場所でアプリを起動するとタイムラインが表示されます。「TOUCH」をタップすると、近くのスポットが候補として表示されます。スポットを選択するか、検索ボックスに場所名を入力して検索しましょう。もちろん、スポットが登録されていなければ自分で登録することもできます。

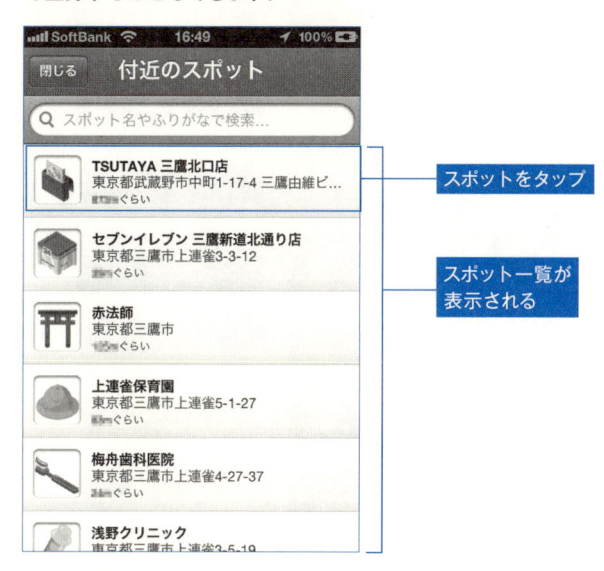

スポットをタップ

スポット一覧が表示される

スポットを選んだら、「ここにタッチする」をタップします。

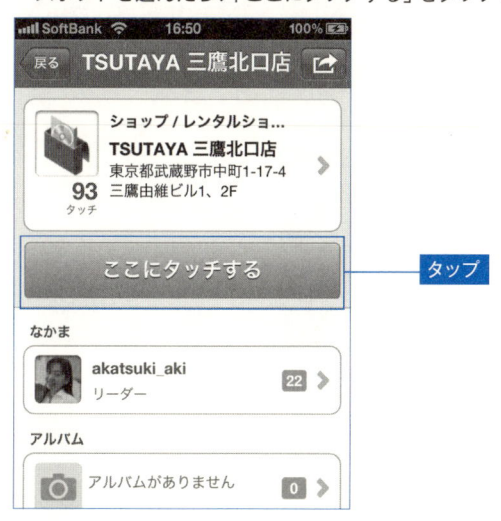

タップ

コメントや写真の登録画面になります。入力を済ませたら、「ここにタッチする」でタッチ完了です。Facebook、Twitter、mixiのマークをタップすれば、共有もできます。また、情報の公開／非公開設定もここでできます。

画面注釈：
- 公開／非公開を設定
- コメントや写真を登録
- 情報共有する場合はここをタップ
- タップ

　タッチによってシールがもらえ、もらったシールは「シール」から確認できます。月別、特別な日別、タッチした内容別、県別、市別など、豊富な種類のシールがあり、コレクションを完成させることも楽しみのひとつとなっています。コラボレーションにより、店限定などの特別なシールも発行されています。

各機能やページに移動したいときは、左上のマークをタップすることで、機能一覧が表示されます。希望する機能をタップしましょう。

- 自分と自分がフォローしている友人のタッチした時間や場所などが確認できる。ここから「いいね」もできる → タイムライン
- 付近のスポット一覧が表示される → タッチ
- 付近のスポットがマップ上に表示される → マップ
- ハイタッチリクエストがあったときに表示される → リクエスト
- クーポンが表示される → クーポン
- 獲得したシール一覧が確認できる → シール
- 自分がリーダーとなっているスポット一覧が表示される → リーダー
- タッチ時に添付した写真が収納される → アルバム
- フォローしている友人、フォローされている相手が確認できる。Twitterと同様、相手の許可なしにフォローできる仕組み → フォロー
- ロケタッチを利用しているTwitter・Facebook・mixiの友達を検索したり、招待できる → 友だちをさがす
- アカウント設定をしたり、ロケタッチに関する情報を得ることができる設定画面が表示される → 設定

ロケタッチオーナーズの申請

ロケタッチオーナーズになれば、ロケタッチを無料でビジネスに活用できます。

できることは以下の通りです。

> 顧客の来店時間や来店頻度、行動履歴がわかる。競合店と比較することも可能
>
> ---
>
> タッチして取得できるクーポンのほかに、常連候補の顧客を選んでクーポンを提供できる
>
> ---
>
> 店舗紹介文などの基本情報の編集や、タッチしたユーザーだけに表示するメッセージが設定できる

2 各ソーシャルメディアの使い方

　使い方は簡単です。まずPC版ロケタッチ（http://tou.ch/）にアクセスし、ログインします。

クリックしてログイン

　上部の「オーナーズ」をクリックします。

クリック

　検索ボックスに店名やスポット名を入力して検索しましょう。

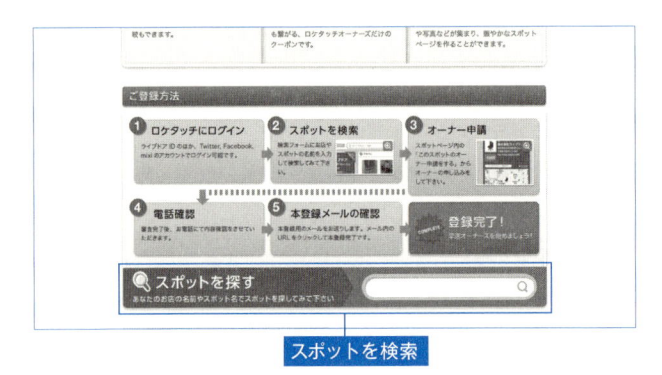

スポットを検索

スポットページ内の「このスポットのオーナー申請をする」から
オーナーの申し込みをします。

ここからスポットのオーナー申請ができる

　審査完了後、電話確認がきます。その後、本登録用メールが届くので、メール内のURLをクリックして登録完了です。
　なお、ロケタッチキャンペーンやコラボを行う場合は、運営会社であるライブドアに申し込む必要があります。かかる費用などはライブドアに問い合わせてください。

column

Facebookのチェックインクーポン

Facebookのチェックインクーポンも、代表的な位置情報サービスのひとつです。無料で作成できるので、おすすめです。

　使い方は、Facebookページの編集画面を開き、「Facebookページを編集」をクリックして、画面左メニューから「クーポン」を選択した後、「このページ用にチェックインクーポンを作成」をクリックします。

　「一人用クーポン」、「グループ用クーポン」、「ポイントクーポン」、「チャリティクーポン」からクーポンの種類を選択して、割引やプレゼントなどの具体的な提供内容を指定します。クーポンの開始日時と終了日時を指定後、最大利用数（無制限か、数量制限か）、複数回利用について「1人あたり24時間に1回利用のみ可能」、「1人1回のみ利用可能」から選択し、「チェックインクーポンを作成」をクリックします。

　Facebookによる審査が通り次第、クーポンが使えるようになります。

　クーポンに対応している場所は、スポットを表示すると黄色いマークが表示されるのでわかります。

2.4 動画サービスの使い方

動画による情報は、視覚や聴覚に訴えかけるため、ほかのサービスに比べて多くの情報を発信できます。テキストだけでは伝えづらい、作り手側の気持ちや制作過程などを流したり、ユーザーと密接なコミュニケーションを取ることもできます。

動画サービスの販促効果

動画サービスには、あらかじめ編集した動画をネット上で共有するものと、リアルタイムに中継・コミュニケーションするものがあります。

動画は、視覚・聴覚の両方に訴えることができ、**ほかのメディアに比べて伝えられる情報量が多い**点が特徴です。商品やサービスの使い方や特性など、言葉では伝えづらいことも簡単に伝えることができます。コミュニケーションすることで、言葉では伝えきれない作り手側の顔が見えたり、気持ちを伝えたりすることもできます。Amazon[※]でも動画による販促がされていますが、まさに同じ考えからでしょう。

ただし、ほかのサービスが気軽にいつでもどこでも誰でも発信できるのに比べて、**動画の場合は機器や撮影・編集技術などが必要とされ、敷居が高くなる**側面があります。また見る側としても、ストレスなく見るためにはWi-Fi[※]など電波環境が整っていることが必要です。

※ Amazon
http://www.amazon.co.jp/。一部の商品で動画による商品紹介が設定されている。

※ Wi-Fi
無線LAN機器が通信規格であるIEEE 802.11シリーズに準拠しており、Wi-Fi Allianceという業界団体に認定されたことを示すブランド名。スマートフォンの普及で利用できる場所が急増中。

YouTubeの使い方

YouTubeには、すでにさまざまな公式チャンネルが用意されています。チャンネルを登録することで、マイページがカスタマイズできます。「チャンネルを追加」を選択したら「チャンネル登録」でチャンネルが追加できます。

動画は、検索ボックスに入力することで探せます。また、ランキングをクリックでその日の再生回数の高い動画が表示されます。

2 各ソーシャルメディアの使い方

左メニューでカテゴリを選択すると各カテゴリごとに再生回数が高い順に動画が表示されるので、そこから探してもいいでしょう。

「映画」では、ビデオ・オン・デマンド型で映画レンタルができます。新作400円、旧作300円で、一部無料のものもあります。再生を開始してから作品によって24から72時間でレンタル期間が終了する仕組みです。

動画をアップロードするには、まず上部の「アップロード」をクリックします。アカウント情報を入力後、「次へ」をクリックすると、チャンネルが作成できます。

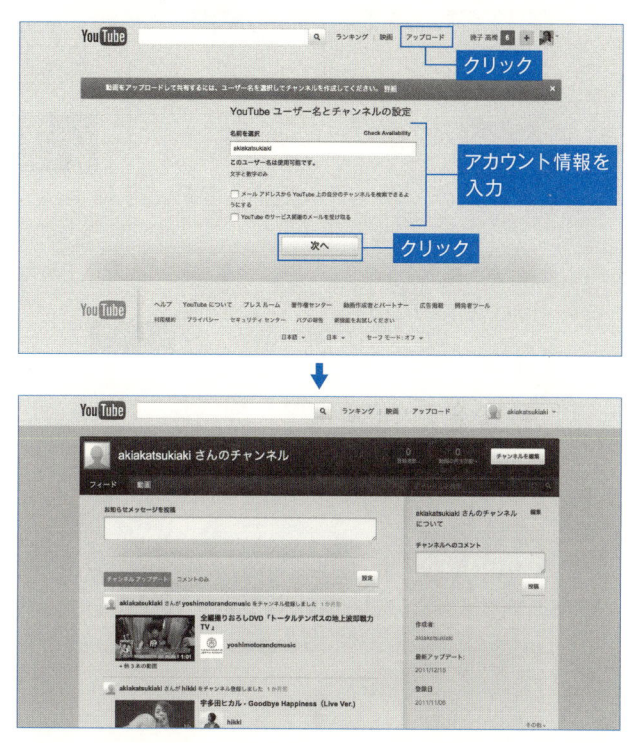

「パソコンからファイルを選択」をクリックすれば、アップロードができます。

アップロードする動画の
説明と公開範囲を設定

　右上のユーザー名をクリックし、「マイチャンネル」を選択で自分のチャンネルが表示されます。

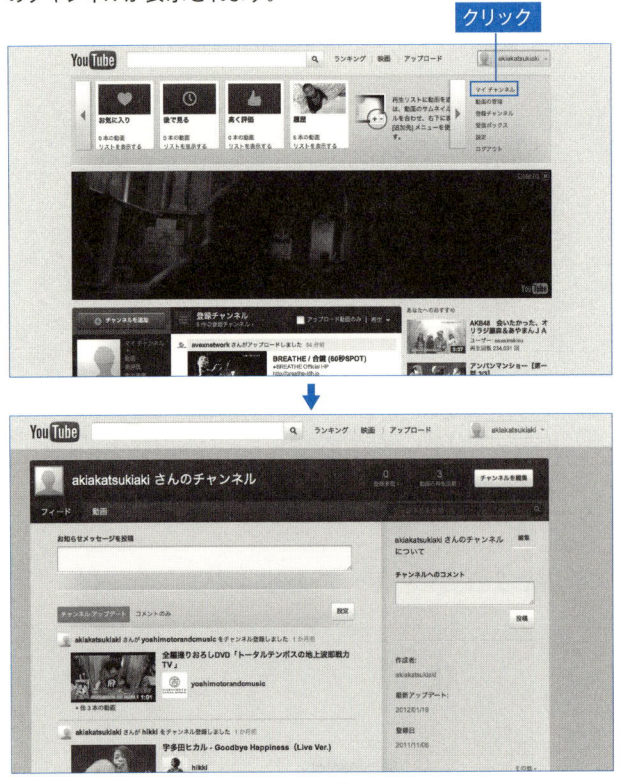

クリック

「動画」をクリックすると、再生リストを管理したり、動画をアップロードなどができる画面になります。

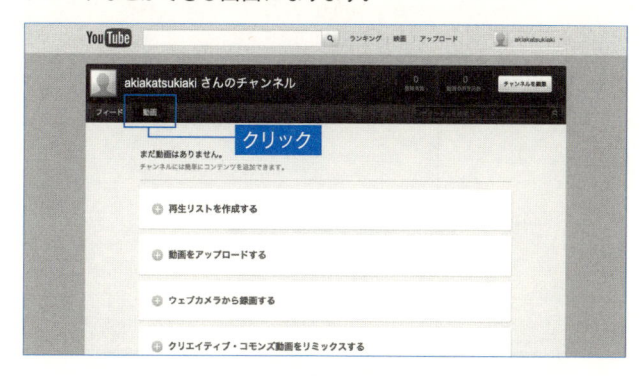

右上のユーザー名をクリックし、「動画の管理」をクリックで動画の管理ができる画面になります。動画編集などもここでできます。

動画を削除する際は、動画前のチェックボックスにチェックを入れ、上部の「操作」から「削除」を選択します。確認画面となるので、再度「削除」をクリックします。

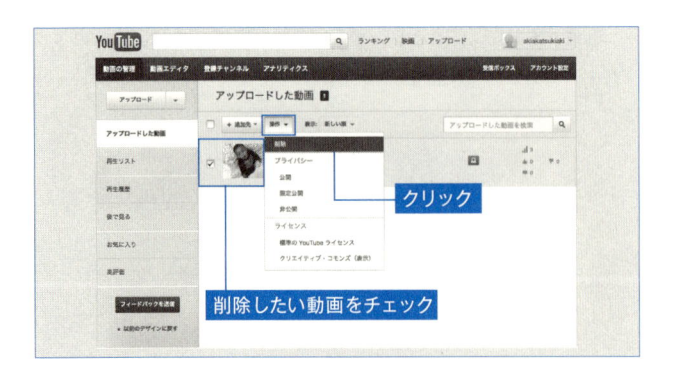

2 各ソーシャルメディアの使い方

[YouTubeのアップロードした動画画面のスクリーンショット]
- 削除したい動画をチェック
- クリック

[削除確認画面のスクリーンショット]
- クリックすると削除が完了する

　ややハードルは高いですが、アカウントを作って動画をアップロードし、自社の公式チャンネルにする方法があります。

[TokyuHandsIncのYouTubeチャンネル画面のスクリーンショット]

東急ハンズの公式チャンネル。このように無料で利用する企業も多い

※ GoogleAdsense ID
GoogleAdsense IDの取得は、http://www.google.com/adsense/から行う。

※ パートナープログラムの登録
http://www.youtube.com/partners

カスタマイズできる公式チャンネルの作り方は以下の通りです。
　まず、YouTube IDとGoogleAdsense ID※を取得します。アクセス数が伸びたら、YouTubeのパートナープログラムの登録※を行いましょう。審査が通ればパートナー、つまり公式チャンネルとなり、広告が表示できるなどメリットがあります。
　ただし、オリジナル動画であること、著作権者であること、動画のアップロード数などの条件がクリアする必要があるため、動画コンテンツを定期的に用意しなければなりません。

YouTubeのパートナープログラム登録画面

USTREAMの使い方

※ USTREAM
http://www.ustream.tv

USTREAM※にアクセスします。「配信中」をクリックすると、現在配信中の番組が一覧で表示されます。上部のカテゴリをクリックで、そのカテゴリの番組が表示されます。

カテゴリを選択
クリック

2 各ソーシャルメディアの使い方

　アカウントを作成しましょう。右上の「サインアップ」をクリックすると登録画面になります。必要項目を入力し、「私は利用規約とプライバシーポリシーに同意します」の前のチェックボックスにチェックを入れ、入力欄に画像の単語を入力したら、「アカウント作成」をクリックします。

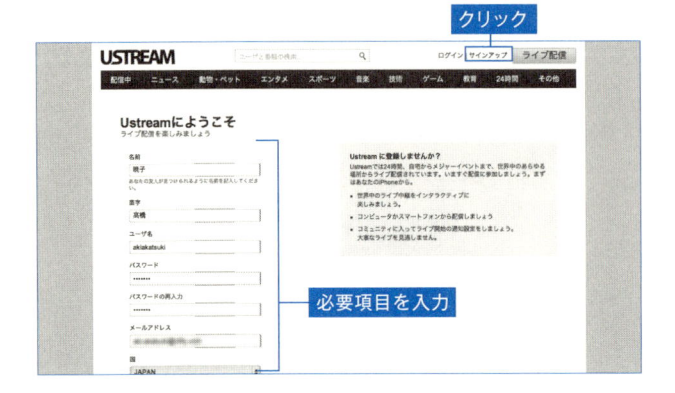

　おすすめの配信者が表示されます。「コミュニティに参加」をクリックしてコミュニティに参加すると、ライブ配信が見やすくなるので、必ず見たいものには参加しましょう。登録後に確認メールが届くので、URLをクリックしてください。

　ページ下部の「知り合いを探す」では、FacebookやTwitter、MySpace※、AIM※などの友達を探すことができます。

※ MySpace
http://jp.myspace.com/

※ AIM
http://www.aim.com/

　ダッシュボード画面は、右上のユーザー名→「ダッシュボード」をクリックすると表示されます。ユーザー情報編集や番組の設定、番組の閲覧者などの統計を確認したり、番組を探すことができます。

なお、月額315円で有料サービスへの加入もできます。有料サービスでは、広告を非表示にしたり、独自ロゴを表示したり、番組ページのカスタマイズなどが可能ですが、最初は無料のベーシックアカウントで問題ないでしょう。

　番組を作成するには、「新しい番組の作成」をクリックします。新規番組名を入力する画面になるので、入力して「作成」をクリックしましょう。

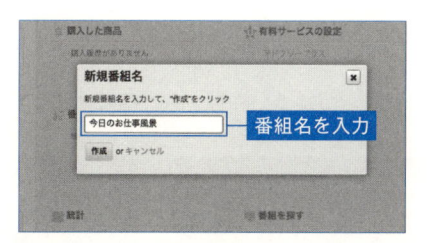

　必要項目を入力し、「保存」をクリックします。このとき「ファイルを選択」で番組ロゴも登録できます。

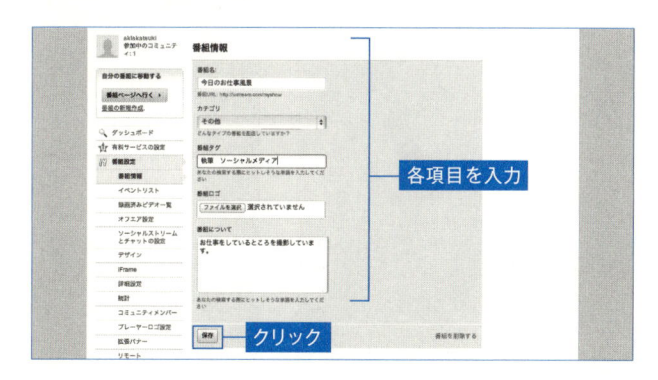

2 各ソーシャルメディアの使い方

　PCから見た画面です。「ライブ配信」をクリックで、パソコンからも配信できます。

　配信はスマートフォンでもできます。iPhoneの場合は、まずApp StoreでUSTREAMの公式アプリ※をダウンロードし、IDとパスワードでログインします。

　下部の「おすすめ」でおすすめ動画、「カテゴリー」でカテゴリ別動画、「検索」で動画の検索、「その他」で自分の番組の確認や設定の変更などができます。

　配信も簡単です。右上ビデオカメラマークをタップし、「ライブ配信」をタップします。赤い丸をタップすることで配信開始です。

※ USTREAMの公式アプリ
もちろんAndroid版も用意されている。Android Marketで入手しよう。

124

グラフマークで二択投票ができたり、マイクマークでミュートのオンオフ、吹き出しマークでコメントのオンオフが操作できます。配信終了時は、また赤い丸をタップしましょう。

さらにUSTREAMでは、リアルタイムでTwitterによるツイートを表示することができます。なお、チェックインはFacebook、Twitter、mixiのアカウントで可能です。

「チェックイン」をクリックします。

シェアしたいソーシャルメディアを選んでチェックボックスにチェックを付けて、「共有」をクリックします。

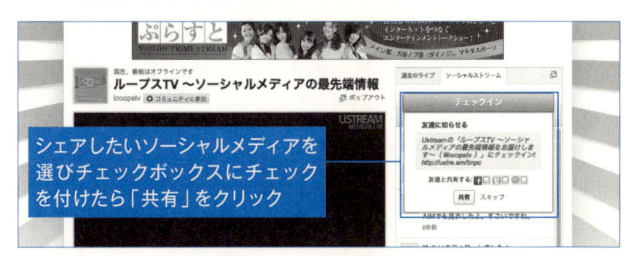

選択したソーシャルメディアのアカウント認証画面になるので、「連携アプリを認証」をクリックします。

本文を入力して「送る」をクリックで、本動画へのリンクが貼られたツイートが投稿されます。

> **column**

Facebook広告の出稿

　Facebookではユーザーが実名で詳細なプロフィールを登録しているため、Facebook広告では、詳細な情報に基づき細かくターゲティングして広告を出稿できます。さらに、ソーシャルグラフが活用できるという利点もあります。また、代理店などを挟まず自分で管理できるので、かなり安価に実現できます。

　Facebook広告には、自分のFacebookページ、イベント、外部サイトに関する広告があります。Facebookページ広告の場合は、広告を「いいね！」をするとそのFacebookページのファンになる仕組みであり、イベント広告は「このイベントに出欠を返信」と表示され、クリックで出欠の返信ができるようになっています。外部サイトの場合は、クリックすると外部サイトに飛ぶ仕組みです。Facebook広告と特に相性がいいのはFacebookページです。そのほかにもスポンサー記事、プレミアム広告が用意されています。

　広告を出稿するには、広告を出すFacebookページを開いて、右メニューの「広告を使って宣伝」をクリック、後は画面に従って進めていくだけです。詳しくはP.178を参照ください。

3 ECサイトとの連携とサイト誘導

最初に、狭義の販促活動、つまり直接商品やサービスなどを販売するケースを取り上げます。次章以降の広義の販促活動においても影響してくることなので、しっかりと押さえておきましょう。

3 ECサイトとの連携とサイト誘導

3.1 ECサイトとの連動

ECサイトとソーシャルメディアの連動がうまく実現できれば、直接的な売上増に繋がります。ただし、これはそれほど簡単ではありません。ここでは連動の仕組みと、販売につなげるためのポイントを解説します。

連動のコツと注意点

連動の手法は、サービスや運営の方針によって異なりますが、**主にTwitterのツイート、Facebookページの通販ページなどをECサイトに連動させる**ことが多いようです。小売業や通販サイトなどの場合は特に、本業と合致しているので、ソーシャルメディアとの連動はとても重要です。

楽天のウェブサイト（左）とFacebookページ（右）

「モノを売りつける業者」と認識されるな

重要なのは、ソーシャルメディア上で**いきなりモノを売りつけようとはしないこと**です。

繰り返し述べている通り、ソーシャルメディアでビジネス目的の販促活動をすることは、ユーザーに好まれない傾向にあります。いきなり商品をアピールしても、効果がないどころか、スパムと捉えられたり、商品やサービス自体にマイナスの感情を与えてしまうこともあるので、細心の注意が必要です。

ユーザーの気持ちを想像しながら、商品・サービスなどの紹介の仕方を常に工夫し、実践する必要があります。

ユーザーと双方向型の関係を築く

ソーシャルメディア上で商品・サービスの紹介をする際は、**あらかじめユーザーと関係性ができている**ことが前提です。

有名な企業やブランドなど、すでにユーザー側がファンであったり、好感を抱いている場合もあります。そのような感情は、もちろんソーシャルメディア販促でもプラスに働くため、好位置からスタートできて有利です。

しかしその場合も、ソーシャルメディアでアカウントやページを持てば、**ユーザーと一対一で対応することが求められます**。サービスを提供する側は一人一人のユーザーと真摯に向き合い、対話などのコミュニケーションを積極的に行う必要があります。大企業は、テレビCMや雑誌広告、新聞広告など、マスメディアを通じた一方向の販促に慣れているかもしれません。しかし、ソーシャルメディアでは考え方を変えて、**一対一かつ双方向のコミュニケーション**を心がけねばならないのです。

一方、中小企業や個人事業者の場合は、**まずユーザーに認知してもらうところから始まります**。新商品や新サービスなども同様です。**最初はオウンドメディア※を使い既存顧客を中心に集めて母数とし、集めたユーザーに受け入れられ、シェアしたくなる情報を発信し、ユーザーに認知してもらうところから始めなければなりません**。

※ **オウンドメディア**
自社サイトやメルマガ、さらには営業マンなど、自社が所有するメディアのこと。詳しくはP.41を参照。

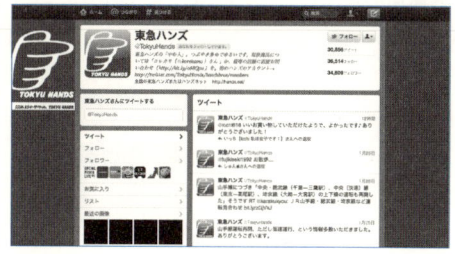

東急ハンズのFacebookページ（左）とTwitter（@TokyuHands）（右）

大企業、有名ブランド

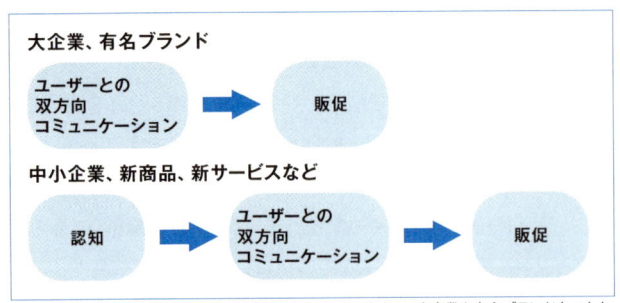

ユーザーとの双方向コミュニケーション → 販促

中小企業、新商品、新サービスなど

認知 → ユーザーとの双方向コミュニケーション → 販促

ユーザーと関係性を作るまでのステップは一律ではない。ただし、大企業や有名ブランドもアカウント自体を認知してもらうための施策は必要

ユーザーの得になる情報を発信する

　大企業・中小企業・個人など、その規模にかかわらず、自社はどんな情報が発信できるのか、ユーザーから何を求められているのかを考えて発信することが重要です。ユーザーとコミュニケーションを取り、そのうえで商品・サービスの情報を発信していきましょう。

　ユーザーとの関係性が築けた後でも、商品・サービス情報をただ紹介するのでは、ユーザーに拒否はされないまでも無視されてしまいます。

　情報に興味を持たせるだけの価値がなければ、ユーザーは無視します。逆に**有益な情報であれば、ユーザーは自らその情報を入手し、さらには他人にも役立つ情報だと考えれば、周囲におすすめや紹介までしてくれることがあります**。それによって結果的に露出が増え、認知度が上がり、企業や商品・サービスへのユーザーの興味関心が高まったりすることに繋がります。

　ポイントは、

ユーザーの得になること
ほかのユーザーにすすめたくなるようなこと

の2点です。

　この2点を満たした情報を発信し続けることが、企業にとっても結果的に得になり「WinWinの関係」を築けることに繋がります。

　そもそも、ソーシャルメディアのユーザーが友人のツイートや投稿、コメントなどに反応するのは、その友人自体や関係性に価値

を感じているためです。TwitterでもFacebookでも、ビジネスアカウントからの情報と、元々価値のある友人の情報は並んで表示されるため、これを凌駕するくらいの価値をユーザーに提供できなければ興味を持ってもらえません。

　では、ユーザーにとって、ビジネスアカウントから届いて嬉しい情報とはどのようなものでしょうか？　ユーザーが元々ファンであるブランドや商品・サービスなどの場合は、

商品・サービスなどに関する最新情報

ほかでは得られないソーシャルメディア限定の情報

商品・サービスなどに関する裏話

などが喜ばれます。特定の商品・サービスに興味がある人なら、関連する商品・サービス・ニュースなども高い関心を示してくれる可能性があります。

　また、ユーザーにあまり知られていない商品・サービスの場合でも、

セールなどのお得情報

プレゼント情報

一般的に役立ちそうなまめ知識などの情報

などはユーザーに喜ばれ、受け入れられたり、拡散してもらえる可能性があります。

　これらのポイントを多く満たす紹介の仕方をすれば、高い効果が期待できるでしょう。

実店舗での「ついで買い」を促進する

　「低価格」や「値引き」は、誰にとっても非常に効果の高いインセンティブになります。**割引クーポンなどの特典を提供することは、ファンやフォロワーに来店・購入してもらうための高い効果を発**

揮します。

　ただし、大幅な値引きをする場合は、安さだけが目的の顧客を集めてしまい、ファンや顧客の定着に繋がらない恐れがあります。**既存顧客か新規顧客かなどによって、割引率や提供内容を変えるなどの工夫も必要でしょう。**

　また、ネット通販だけでなく実店舗も運営しているなら、来店自体も重要な意味を持ちます。**来店してもらうことで、何らかの体験をして好感度が上がる可能性があるうえ、「ついで買い」「衝動買い」の機会も生まれる**からです。

　やはり、**直接接する機会があるというのは、どんな商品・サービスでも、圧倒的に強みを発揮**します。実店舗がある場合は、これを生かす施策を積極的に練り込むべきです。

　米ウォルマートは、2007年からネット通販で購入した商品を店舗で受け取れるサービスを開始しました。顧客の60％が来店して商品を受け取り、その際、店舗で新たに平均$60以上購入しているというデータがあります。

　日本でも無印良品では、Facebookから実店舗で使えるクーポンを提供したことで、通常より多額の購買が認められました（P.135参照）。さらに2011年5月からは、サイトで注文して店舗で商品を受け取れるサービスを始めていますが、ウォルマートと同様の効果を狙ったものと思われます。

ECサイト連動のポイント
- 「モノを売りつける業者」と認識されない
- ユーザーと双方向型の関係を築く
- ユーザーの得になる情報を発信する
- 実店舗での「ついで買い」を促進する

3.2 ECサイト連動の実践手法

Twitterを使ったECサイトでも、単にセール情報を流すだけでなく工夫が必要です。また、Facebookでは、EC機能をページに設定することも可能で、さまざまな連動方法があります。扱う商品や目的によって最適な形を選択しましょう。

Twitterによる実践手法

人間性やキャラクターを打ち出したツイートが効果的

前節で、まずユーザーと双方向の関係を築くことが重要と述べましたが、Twitterはまさにこの関係を築くのに適したソーシャルメディアと言えます。**ユーザーからのリプライ、メンションに答えたり、ユーザーのツイートをリツイートする**などの交流を重ね、強い関係性が築けるようにしましょう。

また、全体のツイートにおける宣伝の割合が高すぎると、営業色が強くなり引かれてしまいます。そもそもフォローされなかったり、せっかくフォローしてもアンフォローされたり、無視されてしまいます。

2章で述べた通り、**Twitterは属人性が高いので、人間性やキャラクターを打ち出してツイートするやり方が効果的**です。

その場合、人間性を表す会話、リプライなどのユーザーとの交流、商品やサービスの情報発信は、バランスよく行う必要があります。ちなみに、Twitterの運用のうまさで定評のある東急ハンズは、この割合を、「**リプライ5：おしゃべり3：発信2**」としています。「リプライ」はユーザーからのリプライやメンションに答えることであり、「おしゃべり」は人間性を出す日常的な会話、「発信」は企業からの広報的な情報や販促に繋がる情報などです。参考にしてみてください。

東急ハンズ担当者によるTwitterを使いこなすポイント※

1. できる限り毎日、決まった時間にお決まりのツイートをする
2. できるだけリプライには返信する
3. 「ハンズ」というキーワードを含むツイートを常時検索（エゴサーチ）して、面白いモノには積極的に返信する
4. ツイートの内容が偏らないように心がける
5. 相手の方に合わせ、会話の流れを壊さないようにする
6. 自分では解決できなかったりわからなかったりする質問は、必ず該当の窓口なり最寄りの店舗なりを紹介する
7. リアル店舗に足を運び、写真付きでツイートするなど、臨場感のあるツイートをする
8. 自分のキャラを無理に隠したりせず、自然体でツイートする
9. ツイッターでのコミュニケーションのルールは店頭での接客と同じ
10. 企業アカウントは凹んではいけない

※ Twitterを使いこなすポイント
出典：http://blogs.bizmakoto.jp/shinpeianzai/entry/1053.html

海外の事例：DELLの場合

米DELLは、Twitter※とアウトレット・ショップを連動させています。

Twitterでディスカウント・コードを含んだツイートを見たユーザーは、DELLが運営するECサイト※にアクセスします。サイトでディスカウント・コードを入力することで、さまざまな割引特典を受けることができるという仕組みです。この手法は大いに受けて、公式ブログによると300万ドル以上の売上に繋がったといいます。

この事例は、単なる割引特典ではなく、ディスカウント・コード

※ DELLアウトレット・ショップのTwitter
@DellOutlet

※ DELLのECサイト
http://Dell.com/Outlet

米DELLのTwitter（@Dell Outlet）（左）とショップサイト（右）

がTwitter限定の情報であることがポイントです。

国内の事例：無印良品

　国内でも、ソーシャルメディアに対する扱いのうまさで定評のある無印良品は、TwitterやFacebookを使った販促に成功しています。

　無印良品のTwitter※では、時折オンラインストアなどへのリンクが貼られた商品紹介がツイートされています。

　Twitterによる販促効果は高く、超音波洗浄機を紹介したところ、その日の売り上げは前日比の179%になったと言います。同様にデジタルフォトフレームでは220%となり、数日の間売り上げ増が続きました。中でも、「タッチパネル可能手袋」という、はめたままタッチパネルが操作できる手袋は、高い販促効果が現れました。商品を見ただけではその効果が発見しづらいことと、Twitterとスマートフォンとの親和性の高さもあり、紹介によって普段の1.5倍から5倍ほどの売上に繋がりました。

　これだけ高い販促効果を上げているものの、商品PR自体はあくまで簡単な内容にとどめています。例えば「＜3時のおやつで無印良品＞気がつけば、春は、そこに。「桜バウム」」などと、毎日3時に季節を絡めて自社の商品をおやつとして紹介するなど、**時事的な話題やリアルタイム性を生かした紹介をしている**ところがポイントです。その他、**タイムラインの中の話題をピックアップしてユーザーが話題にしているテーマに関連した情報を発信するなど、自然で押しつけがましくないやり方**を続けています。

　さらに、無印良品では、Twitter・Facebookでのタイムセールの告知も行っています。Twitterではフォロワー1万5,000人記念として、オンラインで安く購入できる限定タイムセールを行いました。「タイムセールなう」のツイートは6,431回クリックされ、600人が購入まで進みました。Twitterはリアルタイム性が高いため、**タイムセールや「あと○個」「あと○人」のようなリアルタイム性を生かした販売が向いている**というわけです。

　FacebookでもECサイトと連動した販促に成功しています。有楽町店10周年記念として、FacebookとTwitterで「無印良

※ 無印良品のTwitter
@muji_net

品と言えば？」というテーマで投稿すると10％割引クーポン券がもらえるキャンペーンを行い、最終的にはFacebookで約600件、Twitterでは約1,600件の合計約2,200件の投稿がありました。その結果、投稿数の40％以上にあたる884人が、実際に来店してクーポン券を使用したのです。また通常の顧客単価が5,000円なのに対し、クーポン利用者は1人平均1万1,000円を購入し、合計1,000万円の売上に繋がりました。

　無印良品の事例では、

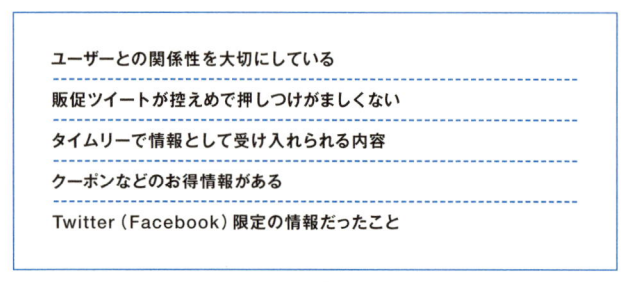

- ユーザーとの関係性を大切にしている
- 販促ツイートが控えめで押しつけがましくない
- タイムリーで情報として受け入れられる内容
- クーポンなどのお得情報がある
- Twitter（Facebook）限定の情報だったこと

などが好評であることがわかります。

　これらを参考にツイートすることで、ECサイトと連動した販促はうまくいくようになるはずです。

無印良品のTwitter（@muji_net）（左）とショップサイト（右）

Facebookによる実践手法

Fコマースの内訳と特徴

　Facebookページでは、**更新内容にECサイトへのリンクを付けたり、販売ページを用意しているところ**などがあります。ただし、販売ページを用意していても、あくまでFacebook内の1コンテンツとして扱い、基本は有用な情報を発信したり、ユーザーとのコミュニケーションをする場と考えるべきでしょう。

　Facebookを利用したEC機能は、「Fコマース」と呼ばれることがあります。Eコマース（Electronic commerce）ならぬ、Fコマース（Facebook commerce）というわけです。
Fコマースは、以下の3種類に分類されます。

Facebook内販売型

　Facebook内にショップを開設し、商品紹介や買い物カゴ、決済など、販売に必要な機能をすべてFacebook上で実現する形態のことです。

　Facebook内で決済までができ、画面遷移が少ないので、コンバージョンレート※**は高くなります。**

　生花小売大手の1-800-Flowers.comは、このFacebook内販売型を採用しています。Facebookでは友達の誕生日が確認できるため、バースディプレゼントとして相性のいい花のギフトが送れるこのサービスは高い人気を集めています。

　Facebook上で販売機能を実装するためのサービスには、すで

※ コンバージョンレート
あるウェブサイト上で、訪問したユーザーが商品の購入や会員登録を行う割合。数値が高いほど費用対効果の高いサイトとなる。

1-800-Flowers.comのFacebookページ（http://www.facebook.com/1800flowers）

にあるECサイトと連携させるタイプや、簡単にショッピング機能を実装するタイプなど、さまざまなものが用意されています。自身の商品、サービスに合わせて探してみましょう。

「ソーシャルゲートウェイ」（http://www.facebook.com/socialgateway）は、さまざまなソーシャルメディアに対して自動的に既存のECサイトの商品情報や企業情報を変換し、データ通信を行うサービス

「Carrito」（https://www.facebook.com/carrito.jp）は、ショッピング機能をFacebookに追加できるサービス

ECサイト連携型

ECサイト連携型とは、FacebookページとECサイトを連携させる形態のことです。この場合、実際の商品の販売は、ECサイトで行います。

これを実現するには、Facebookコネクト※やソーシャルプラグイン（2章参照）が必要になります。

連携することで、Facebookの友達が何を買ったか、何を共有したか、好みに合う商品は何かなどの情報を入手することができます。つまり、外部のECサイトでもFacebookの情報を利用できるようにすることで、顧客とのFacebookでの関係性を販売のために利用することができるというわけです。

※ Facebookコネクト
外部サイトがFacebookと連携して、Facebook認証情報やデータを利用できるようにする技術。

Social Labsの調査によると、大学生向けのEコマースサイトでは訪問者の60%がFacebookログイン状態であり、中年層向けEコマースサイトでも訪問者の40%がFacebookログイン状態だったと言います。つまり、Facebookはそれだけ日常に深く浸透しているものであり、Facebookコネクトやソーシャルプラグインによる連携は、高い販促効果が期待できるというわけなのです。

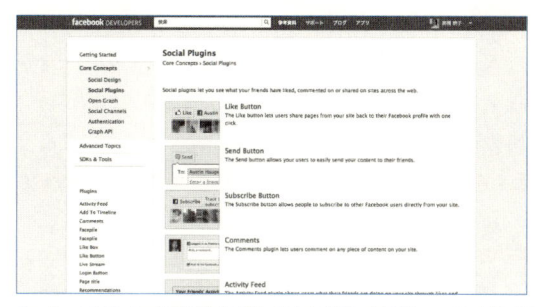

Facebookのソーシャルプラグインには、「いいね！(Like)」ボタン、コメントボックス、「Send」ボタンなどさまざまなタイプが用意されている

※Levi's FRIENDS STORE
http://store.levi.com/

　例えばLevi'sのECサイト「FRIENDS STORE」※では、Levi'sの商品に「いいね！」したFacebook上の友人が、ECサイト上でも確認できるようになっています。

　「いいね！」が多いほど人気商品であり、友達の「いいね！」はFacebook上で共有されるうえ、ECサイト上でも「いいね！」したことがわかるようになっているため、ユーザーの購入意欲を刺激します。

Levi's FRIENDS STOREはECサイト連携型の成功例のひとつ

実店舗販売型

　実店舗販売型とは、主にFacebookでのキャンペーンと連動し、販売自体は実店舗で行う仕組みのことです。

　例えば、イスラエルの商業施設「Coca-Cola Village」ではオンライン上ではなくリアル型の「いいね！」ボックスを実店舗に設置するキャンペーンを行いました。このキャンペーンは、ユーザーが利用した施設や食事が気に入ったら、ICチップの入ったブレストレットでタッチすることで「いいね！」をし、そのデータがFacebook上に反映されるという仕組みで、5万4,000もの「いいね！」を集める結果となりました。Facebook上で直接商品を販売したわけではありませんが、実店舗との相乗効果を狙った実店舗販売型の好例でしょう。

　日本でも、有楽町ルミネに直接押せるリアル「いいね！」ボタンが設置されました。ただし、このボタンは上記の例とは違い、Facebookのアカウントとは連動していません。押された「いいね！」の回数は、ルミネ有楽町公式Facebookページの「Otona?スタイルを選ぼう！」で集計され、総数として反映されるという仕組みがとられています。

ルミネ有楽町ではリアル「いいね！」ボタンと連動

　特徴をまとめると、「Facebook内販売型」は、アプリやサービスを利用すれば比較的容易に導入でき、Facebookの外に出ないまま決済までできるため、コンバージョンレートは高くなります。

　「ECサイト連動型」は、サイトの作り込みが必要ですが、うまくすれば多くのユーザーの参加が見込める効果を期待できます。

「実店舗販売型」は、コストは多少かかりますが、大きな仕掛けゆえにまだ例も少なく、取り組むと注目を集めるでしょう。

動画の効果

YouTube、USTREAMでは、**商品・サービスなどに関する、テキストや写真などでは伝えきれない詳細な情報を、視覚的・聴覚的・詳細に伝えることができます。**

テレビCMは商品・サービスに関する情報を映像で伝えることができますが、YouTubeならさらに長い時間をかけて同様に伝えられます。また、USTREAMはカメラの前で起きていることを生中継し、同時にTwitterや投票機能などを通して動画視聴者とコミュニケーションできるため、**デパートなどの実演販売や通販番組に近い使い方ができます。**それぞれ、商品やサービスなどの性質によって使い分けるといいでしょう。

動画の内容には、商品の機能や耐久性などを伝える「プロダクトビデオ」、商品の使い方などを説明する「カスタマサービスビデオ」、消費者が顔出しをして購入した商品の感想をコメントする「ハウルビデオ」などがあります。

多いのは、長めのテレビCM、プロモーション映像などをYouTubeで流すケースです。著作権侵害で話題になることも多いYouTubeですが、CMは企業にとっても積極的に見てもらいたいコンテンツです。公式チャンネルでCM※を見られるようにしているところや、ユーザーが投稿しても削除などを行わない企業が大半です。

※ 公式チャンネルでCM
なお、パートナー設定された公式チャンネルの場合は、チャンネルの外枠で、その企業の商品・サービスなどへのリンクバナーを貼っているケースがあります。動画と関係なく決まったバナーですが、販促効果はあると考えられます。

YouTubeやUSTREAMにプロモーション映像やCMを流す

Facebookページの1コーナーとして活用

　YouTubeやUSTREAMのような動画サービスを、Facebookページの1コーナーとして設置することもできます。

　Facebookページのコンテンツのひとつとして、写真では使い方がわからない商品を映像で紹介するなどの使い方をして、販促に繋げることができます。

　例えば、無印良品のFacebookにおけるグローバルサイト※の動画コンテンツでは、あえて音も説明も付けていません。封筒を紹介する動画では、部分的に穴の開いた白い型を茶色の紙の上に置き、鉛筆でなぞっていく様子が流れます。なぞり終わった後は、線の通りに茶色の紙を切り抜いて折り始めます。最終的には茶色の封筒ができあがり、最初に写った白い型は好きな紙でオリジナルの封筒を作ることができる型だったことがわかるという仕組みです。

※ 無印良品のFacebookにおけるグローバルサイト
http://www.facebook.com/muji

動画をFacebookページの1コーナーとして活用する例

※ YouTube for Pages
http://www.facebook.com/YouTubeApp

　実際に設置するには、さまざまな方法があります。例えば「YouTube for Pages」※というアプリを使うと、自分のYouTubeのチャンネルを登録するだけで、Facebookページのメニューに追加することができます。

　まとめると、

- テキストだけでは伝わらない詳細な情報を視覚的・聴覚的・感覚的に伝えられる
- 長い時間かけて伝えることができる
- コミュニケーションできる
- 見ただけでは用途や便利さがわからないけれど知るとほしくなるような商品の販促に効果が高い

ということになります。

column

位置情報サービスは実店舗型と相性抜群

そもそも位置情報サービスはその場所に行かないとチェックインなどができないため、実際に足を運ばせる効果があり、実店舗で活用することで高い効果が見込めるがサービスです。

これは、次章で詳しくお伝えします。

3.3 サイト誘導のテクニック

ここでは自社のウェブサイトやECサイトなどに、顧客を誘導するためのテクニックを学びましょう。ソーシャルメディアを効果に使えば、PVの上昇をはじめ、さまざまな販促効果が見込めます。

サイト誘導とは

ソーシャルメディアでは、目的のサイトへ誘導するための販促も行われます。

誘導する先は、ECサイトだったり、ニュースなどのメディアサイトだったり、キャンペーンサイトだったりとさまざまですが、販売促進、PV（ページビュー）増加、キャンペーンの認知度拡大などが目的になります。

ポイントは、**ソーシャルメディア内で口コミ、拡散が起こると、それによって非常に多くの誘導が見込める**ところです。

サイト誘導にも有効なTwitter

最近のメディアサイトやブログには、FacebookやTwitterで共有しやすいように**「いいね！」ボタンやシェアボタン、ツイートボタンなどのソーシャルプラグイン**を設置されることが増えてきました。共有された投稿には元記事へのリンクが貼られ、URLクリックでユーザーの誘導が行われます。**これらのボタンが設置されていると共有される確率が高まり、誘導効果が高い**ことがわかっています。

IMJモバイルが行った「Twitter に関する企業とユーザーの意識調査」によると、Twitterユーザーの67％が「友達・知人（個人）のツイート内ですすめているURLをクリックしたことがある」、49％というユーザーの約半数が「企業アカウントによるツイート内ですすめているURLをクリックしたことがある」、58％が「ニュース・情報サイトアカウントによるツイート内で進めているURLをクリックしたことがある」と回答しています。Twitterはウェブサイトへの誘導ツールとしても、とても効果があることがわかります。

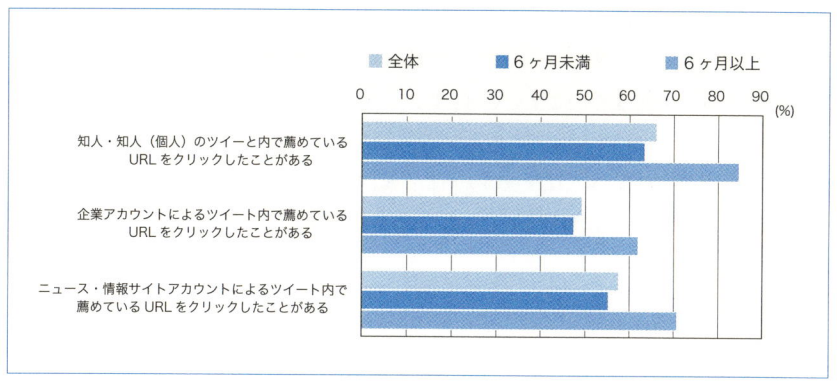

利用期間別のTwitterでのクリック経験（出典：IMJモバイル）

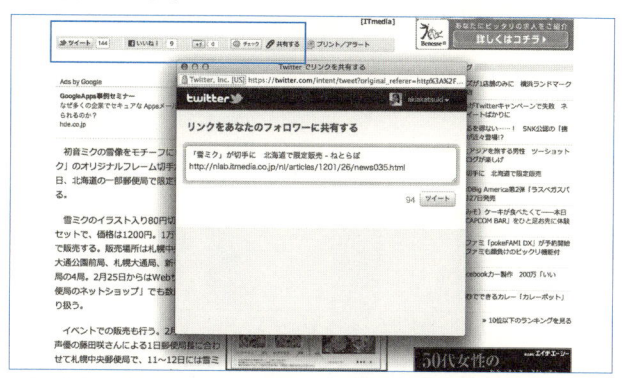

メディアサイトに設置された「いいね！」ボタン、ツイートボタン、URL付き投稿など

　また、**サイト誘導には、FacebookよりもTwitterの方がより効果が高いことがわかっています。**

　ネットマーケティング会社Hubspotは、5,000ブログを対象にソーシャルメディアからのトラフィックによる効果を測定しています。ツイートボタンなどのTwitter共有ボタンだけを施したブログは、「いいね！」ボタン・シェアボタンなどのFacebook共有ボタンだけを施したブログに比べ、63％も多くのPV数を獲得しました。つまり、Twitterの方がユーザーをサイトに誘導する力があるということです。

　なお、Twitterの共有ボタンが設置されているブログは、ソーシャルメディア共有ボタンをまったく施してないブログに比べて、117％も多いPV数を得ています。さらにTwitter・Facebook

両方の共有ボタンを施したブログでは、ソーシャルメディア共有ボタンがまったくないブログに比べ、160％もPV数を得たのです。

つまり、**サイト誘導を目的とする場合、ツイートボタンは必須で**あり、「いいね！」ボタン、シェアボタンなども設置すると、さらに高い効果が期待できるということです。もちろん、**各ソーシャルメディアを使ってサイトを告知することも拡散効果が期待できる**ので、合わせて行いましょう。

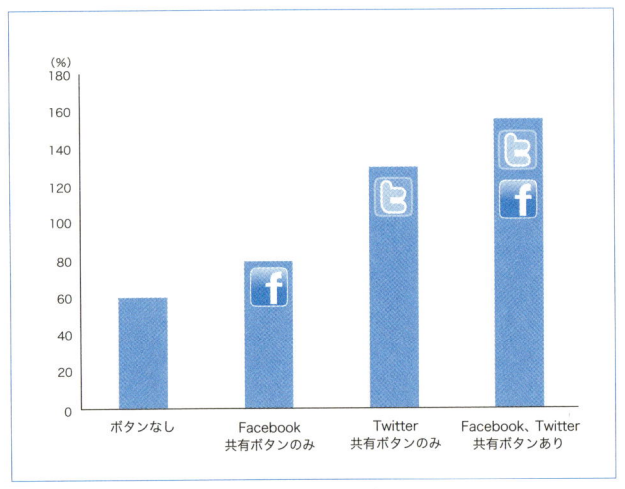

ブログ記事あたりの平均ページビュー数（出典：Hubspot）

サイト誘導のポイントと注意点

ユーザーをがっかりさせない

ユーザーが気になるような惹句や画像を使えば、ツイートや投稿からのサイト誘導は難しくありません。しかし、簡単だからこそ注意したいことがあります。

ユーザーは、何かの期待を込めてURLをクリックしています。惹句や画像などで抱いた期待とあまりにかけ離れていた場合、ユーザーはその後クリックしなくなってしまいます。ましてや、その先の販促効果は期待できません。

サイト誘導は、継続的に行うべきものです。だからこそ、**ユーザーにクリックしただけの価値があると常に思わせなければならない**のです。

炎上マーケティングはマイナス効果

　サイト誘導はメディアサイトを除いて、サイトのPV数増加ではなくその先の販売促進などを目的としています。

　炎上などの理由によってサイトへのアクセスが増加した場合、PV数が増えるだけで、肝心の販促は期待できません。あえて批判などを受ける言動を行うことにより売上増を目指す、いわゆる炎上マーケティングには継続性がありません。

　長い目で見た場合、正攻法のマーケティングこそが効果が高いと言えるのであり、プラスの口コミ・拡散を目指したマーケティングを行いましょう。

Twitterによる実践手法

　前述した通り、Twitter内で共有・拡散してもらいたい記事やサイトなどには、ツイートボタンなどのソーシャルプラグインを設置しましょう。

　該当記事やサイトなどのURLを付けた紹介ツイートも効果があります。タイトルが気になり続きが読みたくなるような紹介をすると、URLがクリックしてもらいやすくなります。

　なお、Twitterの投稿には140文字という制限があるため、文字数が上限の140文字に近いと、リツイートなどがしづらくなります。100文字前後の適切な文字数に納めるのがおすすめです。

　また、**Facebookページと連携するやり方**もあります。TwitterではURL概略にとどめて、URLで詳細がわかるFacebookページに誘導するのです。Facebookページは、1度の投稿で6万文字以上の入力ができ、画像や動画なども可能と表現力が豊かなため、画像などを取り入れた詳細な解説には持ってこいです。この組み合わせにはさまざまなメリットがあります。Facebookページの認知度拡大、Facebookページの「いいね！」数増加、目的のサイトに誘導する導線の拡大などです。Facebookページならインサイト経由でユーザーの属性がわかり、リーチできる導線が増えるため、その後の販促方針を検討する材料にも繋がります。

Facebookによる実践手法

　Facebook内で共有・拡散してもらいたい記事やサイトなどには、「いいね！」ボタンやシェアボタンなどのソーシャルプラグインを設置しましょう。

　また、Facebookページで投稿する場合、**画像はユーザーの注目度を左右する大事なポイント**です。画像がないテキストリンクのみの投稿は、注目度がかなり下がってしまいます。画像の投稿は積極的に行いましょう。

　画像を付けた投稿は簡単です。新規に画像を投稿しなくても、投稿にURLを付けて投稿するだけで、サイトなどをサムネイル付きで紹介することができます。URLを投稿するだけでもサムネイルで目を惹くことができるというわけです。サムネイルは「サムネイルを選択」の矢印をクリックするだけで選べるので、一番イメージに合うキャッチーな画像を選びましょう。もし良いサムネイルがなければ、ぜひ新たに画像を撮影して投稿してください。

　Facebookページでは、まずファンのいるところに投稿が表示されなければなりません。「いいね！」やコメントが多く付いた投稿は、エッジランクが高まり、表示されやすくなります。「いいね！」やコメントなどがされやすい、ユーザーにとって有益な投稿を心がけましょう。サイトや記事の紹介も、この基本に則った紹介の仕方をする必要があることを忘れないでください。

4 実店舗への集客

集客・来店は、実店舗型のビジネスに向いています。例えば、飲食店や小売店、観光産業などです。ここではソーシャルメディアを使った実店舗への集客手法を解説します。

4 実店舗への集客

4.1 ソーシャルメディアの集客効果とは

ECサイトがなく実店舗で商品を販売する場合は、来店してもらえなければビジネスに繋がらないため、集客は何よりも重要となります。ここではソーシャルメディアを使った集客とその効果を解説します。

集客のポイントと注意点

3章でも少し触れましたが、ソーシャルメディアと実店舗販売を組み合わせて、来店に導くという手法は効果的です。

これは、**オンラインの活動がオフラインでの購入活動に影響を及ぼす**、いわゆるO to O(Online to Offline)に当たります。オンラインから実店舗に向かう行動へと結び付けるには、いくつかの方法があります。

TwitterやFacebookはもちろん、位置情報サービス(ロケタッチ、コロプラ、Foursquareなど)や動画サービスとの組み合わせも効果的です。

豚組のFacebookページとオーナー中村仁氏のTwitter。ユーザーとのやり取りも多く、コミュニケーションができている

IMJモバイルの調査によると、ソーシェルメディアのチェックイン機能を利用しようと思ったきっかけは「友人・知人からのすすめ」が49.0%、「SNSで友人のチェックインを見て」が21.8%と、70%以上のユーザーが友人からの影響によってチェックインしています。また、友人がチェックインしているのを見たことがある人は、Facebookで55.6%、mixiで57.9%、Foursquareで

88.2％と、かなり高い頻度になります。さらに注目したいのは、友人がチェックインしているのを見た後でその場所に訪問した人は67.4％、チェックインした人が39.2％いることです。つまり、友人のチェックインは来店に繋げることができることがわかります。

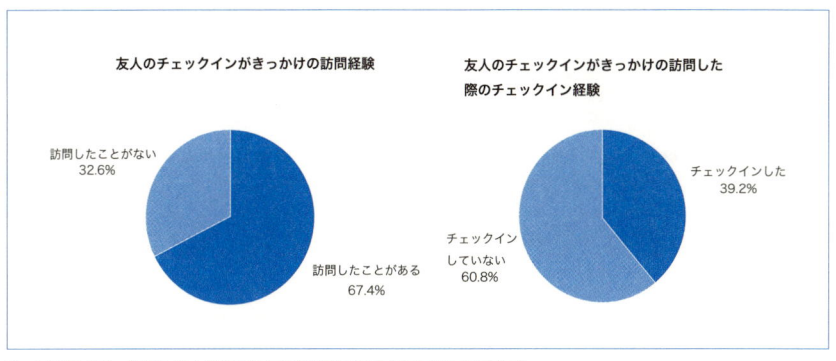

友人のチェックインがきっかけの訪問経験
- 訪問したことがない 32.6％
- 訪問したことがある 67.4％

友人のチェックインがきっかけの訪問した際のチェックイン経験
- チェックインした 39.2％
- チェックインしていない 60.8％

チェックインのきっかけは、友人の動向と大きく関係している（出典：IMJモバイル）

来店できないユーザーも顧客

集客目的でソーシャルメディアを利用する場合は、**実際に来店できる人が限られていることに注意を払う必要があります**。

チェーン店など店舗が全国展開していれば対応しやすいものの、1店舗しかなかったり、ある地域にしかない場合は、遠方のユーザーが直接足を運ぶことはなかなか難しいでしょう。

しかし、ソーシャルメディア時代の顧客は、商品やサービスを購入したり実際に来店などしてくれる人だけを指すのではありません。ほかのユーザーに推奨してくれたり、アドバイザーとなったり、共にアイデアを生み出してくれたり、ネット上でさまざまな影響を及ぼしてくれる人も、大切な顧客です。

つまり、**「集客」を促す活動を、「来店できない」ユーザーが協力してくれる可能性がある**のです。当然、そのようなユーザーは、今すぐは来店できなくても、いずれ来店するかもしれない見込み顧客でもあります。

ソーシャルメディアでは、実際に来店できるユーザーのみでなく、すべてのユーザーを「集客」に影響を及ぼす大事な顧客として扱うべきであり、これを踏まえたコンテンツを提供するなどの工夫が

必要なのです。

SAKURA HOUSE in Tokyo JapanのFacebook、Twitter（@sakura_staff）。外国人ユーザーと日本のことやゲストハウスについてのやり取りをしている。ユーザーは日本好きが多いので日本らしいものや風景も紹介

ソーシャルメディア上の振る舞いが実店舗に影響を与えることを忘れない

　実店舗と連動させてソーシャルメディア販促を行うことには、リスクも伴います。**つまりソーシャルメディア上の振る舞いが、実店舗にも直接的に影響を与える可能性がある**ということです。

　ソーシャルメディアは、集客を促すことができますが、同時に、使い方を間違うと、クレームや非難の元となったり、思わぬトラブルが発生してしまうこともあります。

　例えば2011年3月の東北北関東大震災後、TSUTAYA調布国領店、調布店、阿佐ヶ谷ゴールド街店、京王稲田堤店を総括しているTSUTAYA公式Twitterアカウントで、「テレビは地震ばっかりでつまらない、そんなあなた、ご来店お待ちしています」とツイートし、炎上する騒ぎ※となりました。来店を期待してツイートしたのに、逆にブランドを傷つけることになってしまったのです。

　注意が必要なのは、公式アカウントだけに限りません。ウェスティンホテル東京内の飲食店にサッカー選手とグラビアアイドルが来店したことを、大学生のアルバイト店員がプライバシーに関わる内容をツイートしたため、ホテルは謝罪に追い込まれました。

　このように公式アカウントでなくとも、店舗の従業員や関係者が店舗と結び付く形で問題のあるツイートをした場合、大きな被害が及ぶ可能性があります。

　社員としてソーシャルメディア上でどう振る舞うべきなのか、社員のソーシャルメディア活用実態を把握し、してよいこと・いけな

※ 炎上する騒ぎ
その他の事例としては、都内のアディダス店舗にサッカー選手が訪れた際、同社社員が選手をけなす内容でツイートしたときも炎上し、謝罪するなど、紹介した以外にも多数起きています。

いことを明確にした教育を徹底するべきでしょう。

また、問題が起きた際には、すばやい対処が求められます。すばやく誠実な謝罪と、今後の対応に対する発表こそが、炎上の広がりを防ぐことに繋がるのです。

各サービスで公式情報を登録する

現在インターネット上にある店舗情報は、お店を利用したユーザーやファンなどによって登録されたものも数多くあります。ただし、こうした情報には間違った内容が登録されている可能性もあるため、**担当者は必ず確認し、正しい情報を登録**しておきましょう。

また、ソーシャルメディアで用意されている機能を活用することで、クーポンを発行したり、自社の顧客層などを知ることができます。

例えばFacebookページでは、「**インサイト**」によりユーザー情報などを知ることができたり、**チェックインクーポンの設定**ができます。チェックインクーポンには次の4種類あります。店舗やニーズ、目的に合わせた使い方をすることで、効果が実感できるでしょう。

一人用クーポン	1回限りの割引や特典アイテムなどが受け取れる
グループ用クーポン	友達と一緒にチェックインすると利用できる
ポイントクーポン	チェックインするとポイントがもらえるなど、リピーター顧客向けにお得な提案が可能
チャリティクーポン	チェックインするとお店から特定の慈善団体に寄付が行われる

Facebookページのチェックインクーポン

Facebookページのチェックインクーポン

ロケタッチの利用もおすすめです。

店舗側は、ロケタッチの店舗ページを自ら「オーナースポット」として無料登録できます。

登録すると、「ロケタッチオーナーズ」という、店舗ページの編集・投稿管理、タッチ数の推移や時間帯などの解析、競合店の状況確認、タッチ履歴の集計に基づく常連ランキングの表示、各

種クーポンの発行などの管理機能が利用できるようになります。

　提供できるクーポンは、店舗側がユーザーのセグメントを絞って送信する「プレゼントクーポン」と、ユーザーがタッチで自ら入手できる「チェックインクーポン」の2種類です。例えば常連候補に絞ってクーポンを発行することで、リピーター獲得に繋げるなどの使い方が考えられます。

ロケタッチの活用は、オーナースポットへの登録が第一歩

スタッフへの周知を徹底する

　位置情報サービスを使って、クーポンや割引などさまざまなインセンティブを用意するキャンペーンを行う場合、重要なことがあります。それは、自社のスタッフへの周知です。

　例えば、実際に値引きをしたり、プレゼントを手渡したり、特別なサービスを行うのは、実店舗の販売スタッフなどが行うことが通常です。実際に行うスタッフが、自社で行っているキャンペーンや、自分が行うべきことについて把握していなければ、適切な対応ができない可能性があります。キャンペーンの内容は、必ずすべてのスタッフに周知を徹底しましょう。

実店舗を生かした販促

　ソーシャルメディア販促は、人と人との関係性を生かすと高い効果を発揮します。特に飲食店などは、実店舗の場を生かし、

> イベント会場など人と会う場として提供する
> --
> 「友達が来る」情報を販促に活用する

などを行うといいでしょう。「人と会える」こと自体が魅力となり来店に繋がり、ユーザーは共通体験を通して、出会った人たちと親しくなれます。

　リピーターを増やすためには、店舗側は何らかの心地よいユーザー体験を提供する必要があります。人と会うという楽しい体験はもちろん、美味しい食べ物や飲み物、心地よい店員からのサービスとやり取りなどが、ユーザーにとっての心地よい体験となります。

　その他、小売系の実店舗などでは、**実店舗での「ついで買い」「衝動買い」**を促進する**商品配置、サービス説明**などを行うなども重要です。

　また、飲食店・小売店のどちらでも、

> 手厚い接客などにより、心地よいユーザー体験を提供する
> --
> ECなどのオンラインサービスと平行で行っている場合、その場で会員登録などを行えるようにし、来店後も接点を持てるようにする

ことも大切です。

4.2 集客の実践手法

ソーシャルメディアで、イベントを設定したり、インセンティブを付与するほか、盛り上がりを記事として伝えることでも集客が見込めます。また、位置情報サービスは、実店舗と情報を紐付けることができ、特に集客・来店に効果が高いサービスです。

Twitterのイベントを活用

Twitterのイベントは、「tweetvite」※などを使ってイベントを作成すると、参加者のTwitterアカウント一覧がわかり、メンバーの顔が見えることでイベントに参加しやすくなります。

※ tweetvite
http://tweetvite.com/

tweetviteではイベントを作成して参加メンバーにアナウンスできる

「来店の10%がTwitter経由で、多いときは4割以上がTwitterユーザーのときも」という、Twitterをうまく活用する飲食店として有名な「豚組」※の使い方はとても参考になります。

※ 豚組
http://butagumi.com/

豚組では、**認知・興味・欲望（ユーザーのツイートに対してリプライやRTなどをして、フォロワーの来店したい・食べたいを刺激）、来店、推薦（お礼）などもすべてTwitter上で行っています。**

Twitter上で予約を受け付けたり、「豚組なう」とユーザーがツイートしたらお礼に一品プレゼントすることがあったり、感想やお礼のやり取りをしたりなどがすべてTwitter上で行われているので、**やり取りを見ている人が巻き込み効果で来店するようになる**のです。

また、実店舗のビジネスでは「前回は○○を頼みましたね」「お

体はもう大丈夫ですか？」などの「会話の連続性」が重要です。Twitterでコミュニケーションをとった相手とはオフラインの場でも会う可能性が高く、相手をきちんと認識して付き合い、ユーザーと会ったときにどうするかを常に考えておくといいます。ネット→来店→ネット→来店の繰り返しで関係性を強めていくのです。

その他、位置情報サービスに登録して、顧客に位置情報を含めたツイートを促せるようにしてもいいでしょう。Twitterは拡散力が強いメディアなので、ほかのサービスを使う場合もぜひ組み合わせて積極的に活用すべきです。

チェックインクーポンを活用

MMD研究所が2011年11月に行った調査によると、ユーザーの33.7%がFacebookで「チェックイン」機能をよく利用すると答えています。チェックインは、Facebookの位置情報サービスです。任意の場所にチェックインした情報は、友達に表示されるので拡散効果・集客効果が期待できます。

なお、同調査によると、Facebookにはチェックインすると店舗などからクーポンがもらえる「チェックインクーポン」の利用経験者は8.0%でした。チェックインクーポンは、**Facebookにチェックインすることが利用条件なので、Facebook内での拡散も期待**できます。

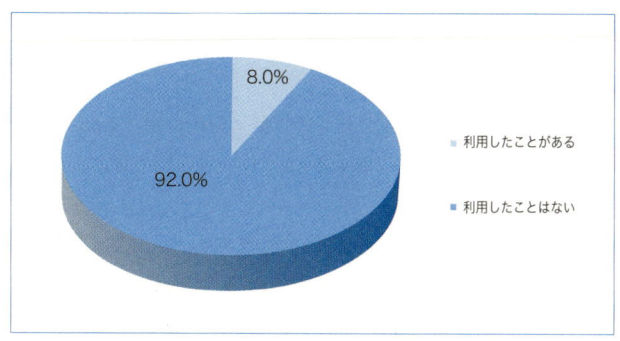

Facebookチェックインクーポン利用率。チェックインのきっかけは、友人の動向と大きく関係している（出典：MMD研究所）

Facebookページのカテゴリを「地域ビジネスまたは場所」で登録すると、その場所に「チェックイン」できるようになります。例えば豚組のように、「地域ビジネスまたは場所」からカテゴリを選んで登録すると、Facebookでチェックインした情報がFacebookページにも反映されます。

動画サービスで店舗の魅力を伝える

YouTubeやUSTREAMでも、集客・来店に使うことができます。

具体的には店舗紹介や、イベント紹介など、CM的にその場所の魅力を動画で伝えます。

USTREAMは特にその傾向が顕著で、店舗やイベントなどをリアルタイム中継し、それによって賑わいや楽しさなどを伝えることができます。なかでもUSTREAMが得意なのが、イベント中継でしょう。店舗などでイベントを行う場合は、USTREAM中継も行うことで、興味を持った人たちの来店が期待できるはずです。

集客と相性がいい位置情報サービス

そもそも位置情報サービスはその場所に行かないと利用できないため、実際に足を運ばせる効果があり、実店舗と連動することにより高い効果が見込めるサービスです。

位置情報サービスには、TwitterやFacebookと連携できるものも多く、そちら経由での拡散が見込めます。積極的に組み合わせて使っていきましょう。

それぞれのサービスごとに正しい店舗情報を登録したり、プロモーションサービスなどを利用すると、より一層活用できるようになります。

ただし、日本ではいまのところ、位置情報サービス自体がまだそれほどメジャーではないため、販促のイメージが掴みづらいかもしれません。そこで、ここでは主な位置情報サービスと販促例をいくつか挙げてみたいと思います。

Foursquare

　Foursquareは、米国で大人気の位置情報サービスです。店舗などに最も多くチェックインしたユーザーは「メイヤー」の称号がもらえます。この称号がもらえるのは、ひとつの場所につき一人だけです。登録した店舗は、ベニューオーナー・ブランドページオーナーとなり、チェックインに応じてさまざまな特典を提供し、販促活動を行うことができます。

　日本でも、ドミノ・ピザジャパンが2011年6月、スマートフォンでの実店舗へのチェックインを競う「check-in GP」を行いました。これはチェックインに応じてポイントが獲得でき、最多ポイント獲得者は商品がもらえるというもので、期間中にチェックインすれば、テイクアウトが5％オフになるクーポンも合わせて提供しました。チェックインによって拡散も期待でき、常連客には特典もプレゼントできるという、エンゲージメントに繋がるキャンペーン例と言えます。

　また、米スターバックスでは、メイヤーは店舗から「いつでもフラペチーノが1ドル割引」となるというキャンペーンを全米で行いました。この権利は、期間内なら何回でも利用できるというものです。

　常連の顧客は、「メイヤー」になるために、店舗に普段より多く足を運ぶでしょう。そして、店舗側は、ロイヤルカスタマーに感謝の気持ちを伝えることができるというわけです。おまけに、このチェックインは周囲のユーザーにも表示され、販促効果をもたらします。Foursquareの仕組みを最大限に生かしたユニークなキャンペーン例と言えます。

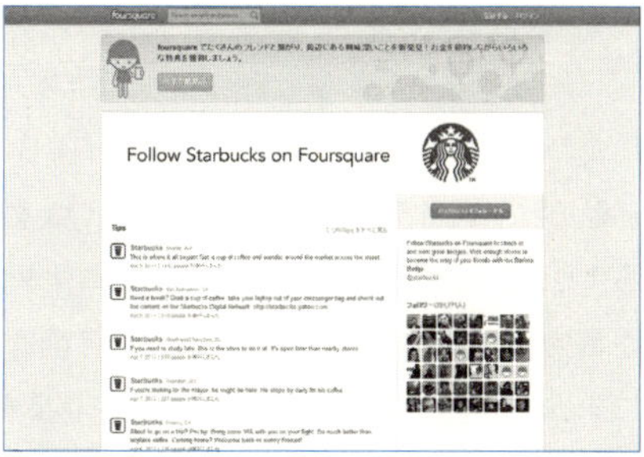

米スターバックスのForsquare活用

もうひとつ事例を紹介しましょう。米マクドナルドは、店舗へFoursquareを使ってチェックインしたユーザーからランダムに100人を選び、＄5もしくは＄10の商品券をプレゼントするキャンペーンを行いました。単純な手法ですが、これによって1日の来店者数は、33％増となったそうです。また、50以上のウェブサイトに報じられるなど、副次的な効果もありました。おまけに、コストはたったの＄1,000しかかからなかったという、非常にコストパフォーマンスのよいキャンペーンとなりました。

Foursquareキャンペーンは、https://ja.foursquare.com/business/ から申し込むことができます。

実店舗ならウェブからの申し込みのみでベニューオーナーになれます。それ以外の業種の場合は、ブランドページからの申し込みでブランドページオーナーとなれます。パートナーバッジは、同ページから申し込みを行い、審査を経て6〜8週間ほどで始めることができます。こちらは有料です。

ロケタッチ

現在日本でキャンペーンとして取り組みやすいのは、日本発のサービスである「ロケタッチ」や「コロプラ」などでしょう。

ロケタッチは、例えば最寄り駅や商業施設に設置されている自動DVDレンタル機「GEOBOX」とコラボキャンペーンなどを行っています。これは、GEOBOXにタッチすると、その場でDVDレンタルが50円引き、100円引きとなるクーポン券が当たる仕組みです。クーポン目的にGEOBOXに登録・参加するユーザーもいるでしょう。クーポンはレンタルを促進し、タッチは周囲に表示されるので、販促効果が期待できます。GEOBOX自体の認知を高め、販促に繋げる有効なキャンペーンと言えます。

その他、プーマやTOWER RECORDSなどと、チェックインするとそれぞれ特別なシールがもらえて、集めるとプレゼントが当たるキャンペーンなども行っています。ロケタッチでは「シール収集」が目的のひとつになっているので、ある図鑑のシールを集めるためにチェックインするユーザーも期待できます。豚組（P.156参照）のように、チェックインしたユーザーへオリジナルシールが提供でき

るようにしている例もあります。

　実際に連動したキャンペーンを行いたい場合は、運営会社のライブドアに問い合わせる必要があります。

ロケタッチのコラボキャンペーン例

コロプラ

※ コロニーな生活☆PLUS
http://colopl.co.jp/colopl_plus/

　携帯電話を使った位置情報ゲーム「コロニーな生活☆PLUS」※、通称"コロプラ"はさらにユニークです。

　コロプラでは、移動すると携帯電話の位置情報機能を利用して移動した距離を計算し、距離に応じてゲーム内で使える仮想通貨がもらえます。そのお金で自分のコロニー（街）を育てて、ほかのユーザーと交流するというサービスです。

　また、実店舗で商品を購入するとゲーム内アイテムがもらえる仕組みもあり、多くの販促キャンペーンを行い、成功に導いています。

　具体的には、提携店で商品を購入すると、購入金額に応じて「コロカ」というカードがもらえます。1,000円、2,000円、5,000円分買い物をするとそれぞれ青・銀・金のコロカがもらえ、コロカについているシリアルナンバーを入力することでデジタルアイテムが入手できる仕組みです。

　日光の土産物店では、「指定の店舗で商品を買わないとゲーム内でのレア土産も手に入らない」という設定にしたところ、コロプラのプレーヤーが1カ月で800人も訪れました。1人で2万円分も和菓子を購入した人もいたと言います。

　同サービスは、月間2万人以上の購買客を全国の店舗へと送り出し、月間1億2千万円を超える"お出かけ"需要を生み出しています。実店舗は提携を検討してもいいかもしれません。なお、コロ

4 実店舗への集客

プラでは提携基準などが設けられているようなので、希望する場合は、運営会社のコロプラに問い合わせる必要があります。

ゲーム感覚で顧客が楽しめる「コロプラ」

5 ブランディングと広告

多くの企業や個人が、商品・サービスなどのブランディングを目的としてソーシャルメディアを利用しています。効果が見えるまでに時間がかかりますが、ソーシャルメディアと相性のよいテーマのひとつです。

5.1 ブランディングとソーシャルメディア

ひと言に「ブランディング」といっても、目指す内容や方向は企業によってさまざまです。まずは一般的なソーシャルメディアを使ったブランディングの効果や注意点などをひと通り把握しましょう。

ブランディングとは

ソーシャルメディア販促においての**ブランディングとは、まず企業・商品・サービス・個人などの名称を知ってもらう、関心を持ってもらうこと**を指します。それに加えて、**差別化されたブランド価値など特定のイメージを持ってもらうことが重要になります。テレビCMや商品サイトなどの役割と同じ**と考えるとわかりやすいでしょう。

一般的に**消費者は、購入・来店・発注などをする際、知らないものより知っているもの、知らない企業・ブランドより知っているところを選ぶ傾向**にあります。飲食系に限っては名前の知れているチェーン店でなはなく個人経営の店が選ばれたりしますが、口コミで評判のいい店が選ばれるのは同じです。特に個人事業者の場合は、まず認知されないとそもそもビジネスの依頼がきません。

テレビCMなどのマスメディア広告は大きなコストがかかり、気軽にできることではありません。だからこそ、SEO対策やソーシャルメディアでの販促など、小さな予算から始められるブランディング手法が求められているのです。

ブランディングによって**認知度を高め、関心を持ってもらったり、理解を深めてもらったり、差別化されたブランド価値など特定のイメージを示すことで、結果的に購入や来店、発注などに繋げる**ことができるのです。

また、ソーシャルメディア上でブランディングを行う効果は、認知度などを高めたり、情報が拡散されたりするだけではありません。**アカウントは検索対象となるため、検索経由での来訪も見込め、多角的なブランディングに繋がります。**

※ B to C
Business to Consumer。
企業と消費者の一般的な取引。

※ B to B
Business to Business。
企業間取引。

※ LinkedIn
http://jp.linkedin.com/

ブランディングには、さまざまなソーシャルメディアが有効ですが、それ以外にも、ブログは特に高い効果を発揮します。

なお、日本ではまだあまり浸透していませんが、B to C※ではなくB to B※なら、2011年10月に日本語化したLinkedIn※も有効であると言われています。

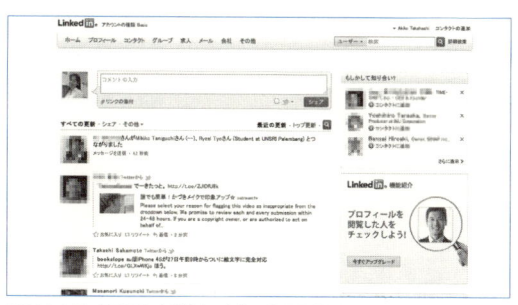

2011年には、日本語にも対応し、今後の広がりが期待されるソーシャルメディア「LinkedIn」

ブランディングのポイントと注意点

ブランディングは多くの企業が取り組んでいますが、なかなか簡単に成果を挙げられることではありません。ソーシャルメディアでのブランディングを実践するにあたり、まずはいくつかの注意点を確認しておきましょう。

時間がかかり、費用対効果などがわかりづらい

そもそもソーシャルメディア販促は、どの目的においても効果が現れるまでに時間がかかるものです。特に**ブランディングの場合は効果を実感できるまでに相当な時間がかかることが多いため、焦らずじっくりと取り組む必要があります。**

また、購入や来店、発注などに繋がっても、ソーシャルメディア経由とそれ以外での販促のどちらが効果があったのかがわかりづらく、費用対効果は見えづらいと言えます。

ソーシャルメディアによってネット上の存在感が増したか、ユーザーによる認知度や購入意欲が向上したか、だけでなく**リスクマネジメントを行ってネガティブな評判などを減らしたり、ネガティブな声に対応していくことなども、ブランディングの一環**です。

ブランディングに近道はありません。**ソーシャルメディア上のあらゆる行為が結果的にブランディングに繋がっていく**と考えて、さまざまな行動を続けていくべきでしょう。ブランディングは、ある意味ソーシャルメディア販促の最終目標であると言えます。

実態のないブランディングはできない

情報発信で注意したいのは、**実態のないブランディングはできない**ということです。

当たり前のことですが提供する商品やサービス自体が、機能が足りなかったり、ユーザーを満足させられなかったり、ユーザーの不満解消したものでなければ、望むようなブランディングはできません。特にソーシャルメディアは双方向のコミュニケーションが求められるため、サービスを提供する側が一方的に都合のよい情報を発信してもまったく意味がありません。

ソーシャルメディア販促は、ユーザーの声を拾ったり、拡散したり、コミュニケーションしたり、届かなかった層にリーチするなど、あくまでもこれまでの販促ではできなかった部分を補うものと考えるべきでしょう。

トータルでの取り組みが必要

ブランディングには、企業、商品、サービスのすべてが影響します。

商品やサービスがよくても、企業のイメージが悪かったり、社員がトラブルを起こせば、結果的に商品・サービスのブランドにも傷が付きます。コストをかけて懸命に商品・サービスのブランディングに力を入れても、それが台無しになってしまう可能性があるわけです。

トータルでのブランディングを心がけ、社員にも企業ブランドを担う存在であることを自覚させ、教育などを徹底するべきでしょう。

複数のメディアは同じトーンで運営する

ソーシャルメディアは組み合わせて使うことが多いものです。ソーシャルメディアごとにアイコン（ロゴ、顔写真など）やトーン（文体など）が異なると、ユーザー側に一貫したブランディングができ

ません。

すべてのソーシャルメディアでアイコンやトーンを共通させるべきでしょう。始める前に、アイコンやデザイン、文体など、共通して打ち出したい内容やイメージをよく考えておきましょう。

NHKのFacebook、Twitterは同じ担当者が運営することでトーンを合わせている。そのうえでFacebookではTwitterで伝えきれないことを長文で解説するなど、使い分けもできている

5.2 ブランディングの実践手法

TwitterやFacebookの広告は、安価で自ら管理でき、ターゲットを絞って出稿できます。それぞれに規模や目的に合わせて広告のタイプを選ぶことができるため、費用や目的と相談しながら検討しましょう。

Twitterによる実践手法

アイコンとプロフィールの工夫

　Twitterは、ツイートとアイコンがセットで表示される仕組みのため、アイコンは大変重要です。商品やサービスをイメージできる写真、企業ロゴやブランドロゴ、個人なら顔がわかる笑顔の写真など、アカウントと目的に合わせて最適なものを選びます。元となるアイコン自体を頻繁に変更すると認識してもらいにくくなるので、いったん設定したらなるべく同じ写真を使うようにしましょう。ただし、クリスマス時期にアイコン写真にサンタ帽をかぶらせるなど飽きさせない程度のアレンジや工夫は必要です。

　また、プロフィールの内容も工夫したいところです。ユーザーはここを見てフォローするかどうかを判断するため、端的にわかりやすくまとめる必要があります。

　内容は主に、

何のアカウントか（公式・非公式も）

社会的地位、所属など（個人の場合）

ツイート内容（「○○に関する情報中心」「ゆるめ」「ツイート多め」など）

性質（「○○が好きです」などパーソナリティがわかるもの）

フォローに対するスタンス（「フォロー、アンフォローはお気軽に」「なるべくフォロー返しをしています」など）

連絡先（メールアドレス、電話番号、問い合わせ先など）

などを書いてある場合が多いです。

　企業なら代表的な商品名やサービス名のほか、ツイート内容の

スタンスなどを明記したり、公式サイトなどにリンクさせてもいいでしょう。

　商品・サービス・イベント専用のアカウントなら、概要紹介、詳細がわかるサイト、特徴などをまとめるとよいでしょう。

　個人の場合は、職業や役職・所属、過去の実績などがわかるサイトやブログ、興味関心、ツイート内容、好きなものなど性質、フォローに対するスタンス、連絡先などをまとめます。特に個人の場合は、Twitterを確認した後に仕事の依頼が舞い込むことも多いので、連絡先は明記してあると機会の拡大に繋がります。ただし、その状態で炎上騒ぎなどを起こすと大変な事態になるのは言うまでもありません。

フォロワー数を増やし影響力を高める

　無闇にフォロワーを増やす取り組みは逆効果ですが、フォロワーの数もブランディングに繋がります。一般的には、多い方がよいと考えられることが多いです。

　フォロワーは、

> 公式サイト・ブログ・メルマガでの告知や誘導
> 有益なツイートを繰り返す
> ツイートをしてくれたユーザーをフォロー

をすることで次第に増えていきます。

　ブログやメルマガなどからの誘導は、

> ブログパーツやツイートボタンなどを貼る
> 公式サイトやブログなどでTwitterアカウントを紹介する※

などの方法があります。

　ブログやウェブサイトを訪れた人は、検索などで近いテーマや商品、サービスを調べているため、一般のユーザーよりも関心が高いと考えられます。ブログやメルマガを通じて、アカウントを知った

※ Twitterアカウントを紹介する
ソーシャルプラグインのひとつ。ツイートした後におすすめアカウントを紹介することができます。P.71参照。

5 ブランディングと広告

り、その場でフォローしてくれる可能性は高く、ソーシャルプラグインの設置は効果的です。これは、Facebookページでも同様です。「いいね！」ボタン、シェアボタンなどを貼ることで、情報の拡散が見込めます。

Facebookの「フィードを購読」ボタンも拡散に有効

ブログにソーシャルプラグインを設置すると、フォロワー数や「いいね！」数の増加に繋がる

ブランディング≠フォロワー数

闇雲にフォロワーの数だけを増やす方法は色々とあります。

例えば、フォローされるとフォロー返しする人が多いことを利用して自動的にフォローし、フォロー返しがなければアンフォローするツールやbot※などを利用することもできるでしょう。

しかし、これでは実際にツイートをあまり読んでもらえず、フォロワーとの関係性も築けません。ブランディングを行う場合は絶対に止めるべき行為と言えます。ブランディングにおいては、ただフォロワーの数だけ増やしてもまったく意味がないのです。

※ bot
Twitterで自動的につぶやかれるアカウント及びそのプログラム。

Twitterでは、**フォロワーの数よりもフォロワーとの関係性や影響力が重要**です。リツイートされたり、メンションで交流したりなどがどれくらいあるかということです。

そのようなTwitter上の影響力を測るサービスとして、「KLOUT」※が有名です。Klout指数は、Facebookなどでも測ることができます。Klout指数を高め、ユーザーとエンゲージメントを築くことこそが大切なのです。

※ KLOUT
http://klout.com/home

Twitterの影響力を測るウェブサービス「KLOUT」。FacebookなどほかのSNSにも対応している

ブランディングに繋がるツイートとは？

ブランディングに繋がるツイートとは、次のようなものです。

ユーザーにとって有益なツイート※

専門性の高い情報

フォロワーとの関係を良好に保つツイート

パーソナリティが表れているツイート

※ 有益なツイート
新製品／新サービスなどの情報、お得情報、Twitter限定の情報、フォロワーなら興味を持ちそうな情報など。

例えば、新製品発売のお知らせやセール・キャンペーン情報、専門家と認識されるようなあるテーマにおける最新情報、思わず親しみを持ってしまうような人柄が感じられるツイートなどが、これに該当します。

ツイートの全体テーマは、事前に決めておいた方が軸がぶれずに運営できておすすめです。

Facebookページでのブランディング

Facebookでのブランディングは、基本的にFacebookページを使います。

個人アカウントでは、友達数が5,000人までという制限があります。また、交流しなければエッジランクにより友達のニュースフィード上には投稿が表示されない可能性があるなど、オフラインでの知り合いとのみ繋がることを前提とした仕様のため、ブランディング目的で利用するには不自由な制限があるからです。

個人アカウントの場合

ただし、個人アカウントにもブランディングに役立つ機能が用意されています。まず、**クライアントなどの既存顧客とは積極的にFacebook上で繋がりましょう**。Facebookで繋がっていることで、相手との接点が増えますし、日常的にやり取りすることで、相手の興味関心や最近の仕事などがわかり、仕事の話に繋がりやすくなります。そのうえで、

> **フィードを公開する**
> **公開設定で投稿する**
> **タイムラインを編集する**

などを積極的に行うのがおすすめです。

フィードを公開するには、友達以外のユーザーに公開フィードの購読の許可を「オン」にします。そのうえで、左メニューの「フィード購読」をクリックし、「フィード購読を許可」をクリックして投稿の公開範囲を「公開」にすると、FacebookでもTwitterのように一方的にフィードを購読してもらうことができます。有益な情報を発信していれば、興味を持ったユーザーがフィードを購読してくれるかもしれません。

タイムライン機能の設定も重要です。プロフィール画像以外に「カバー」という大きな画像が追加できるため、自分のイメージに合った画像を設定するといいでしょう。ただし、Facebookはビ

ジネス目的以外に使っている人も多いため、広告的なビジュアルではなく、パーソナリティが伝わるような画像を選ぶのがおすすめです。

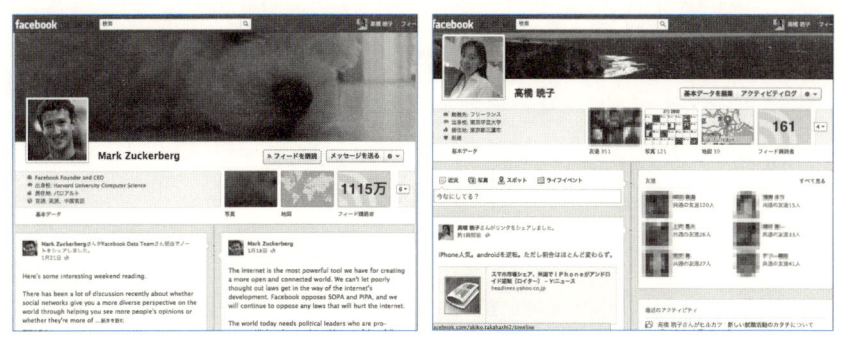

タイムラインとフィードを設定することで、友達以外のユーザーに情報を発信

　また、注目してもらいたいおすすめの投稿は「ハイライト」にしたり、投稿ごとに非表示や削除などにして、ほかのユーザーに特に見てもらいたいものを選ぶことができるため、念のため設定しておいてもいいかもしれません。

　さらに、Facebookを使うなら、エッジランクを高める必要があります。エッジランクが高くなければ、いざというときに投稿を見てもらえない可能性があるからです。

エッジランクを高める方法

「いいね！」やコメント、シェアなどで交流する
　→基本だが、日頃から友達との交流をしておくことが一番大切

有益な投稿をする
　→Twitterと同様にテーマを決めて有益な情報を投稿することで、「いいね！」やコメント、シェアなどがされるようになる

写真付きの投稿をする
　→写真付きの投稿は特に目につきやすく、「いいね！」などがつきやすい傾向にある。一般的に、美味しい食事、可愛い子供、きれいな女性、きれいな景色などの写真は反応が良くなる

Facebookページの場合

　Facebookページは、個人アカウントでは難しい柔軟な運営が可能なため、ビジネス利用ではぜひ作成、活用したい機能です。

　Facebookページの運用には、いくつかのポイントがあります。

> - オウンドメディアで既存顧客に告知・誘導する。さらにFacebook広告を使い、ユーザーを集められるとベター
> - ページ名は企業・商品・サービスなどがわかりやすいものにし、URLも独自のものにする
> - テーマを決めて1日1回以上を目安に投稿を行う
> - 担当者を決め、ユーザーからのコメントなどには答える
> - Twitter、YouTube、USTREAM、公式サイトやブログなどとリンクさせてユーザーが関連するあらゆる情報にアクセスしやすいようにする
> - インサイトを活用し、現状分析やマーケティングなどに使う

　まず、Facebookページを活用するためには、ある程度のファン数が必要です。そのためには、あらかじめオウンドメディアから既存顧客を誘導したり、Facebook広告で告知することが必要となります。

　オウンドメディアからの誘導方法はTwitterと同じです。また、**Twitterで告知してFacebookに誘導するというやり方もおすすめ**です。Twitterは拡散効果があり、一般的には作成したばかりのFacebookページのファン数よりも多いため、情報のひとつとしてFacebookページの情報をツイートしましょう。

　ページ名を決める際には、企業・商品・サービスなどと絡めた、わかりやすいものにしましょう。SEO対策にも繋がりますので、効果的なページ名を選び、URLもわかりやすい独自のものに変更してください。

　ファンはFacebookページに商品などの最新情報、お得情報などを期待して「いいね！」をする傾向にあるので、投稿はこれらの期待に応えつつ、なるべくエンターテイメント的要素のある内容を提供するようにしましょう。あまりに投稿が少ないと読まれなくなってしまうので、1日1回以上を目安に投稿するといいでしょう。もちろん、ユーザーからのコメントなどに対しては応えましょう。

　Facebookページの特徴のひとつが、画像や動画などのリッチコンテンツにも対応しているということです。アプリを使えばTwitterやYouTube、USTREAMなどをページ内に組み込むことが可能なので（P.142参照）、ぜひさまざまなソーシャルメディア

をリンクさせて情報を一元化しましょう。

運用を始めたらインサイトを活用することで、顧客層が分析できます。弱いところは強化したり、オフラインのビジネス活動にもその情報を活用できます。反応を見て、ファンがどのような情報を求めているのかなどを調べ、投稿内容などを変えていくといいでしょう。

動画サービスとブランディング

YouTube、USTREAMはブランディング効果が高いメディアです。ほかのソーシャルメディアよりユーザー数が少ないものの、視覚情報・聴覚情報の両方に訴えることができる映像の力はとても大きいものです。

YouTubeなら、できれば公式チャンネルを用意して、CMなど関連動画をじっくり見られるような環境を提供したいところです。その際、**商品の企画者や開発者が登場して自らの言葉で伝える限定動画があると、より高い効果に繋がります**。

USTREAMの場合はさらに、

顔を出してコミュニケーションする

商品の担当者が自らの言葉で伝える

リアルタイムでコミュニケーションする

などもおすすめです。

USTREAMでは、視聴者数は数百人いれば多いと言われます。ほかのメディアより効率はよくないものの、エンゲージメントが高まるため、ブランディングを考えるならトライしてもらいたいソーシャルメディアのひとつです。Facebookページに組み込んだり、ほかのメディア上でも紹介すると、アーカイブも活用できます。

位置情報サービスとブランディング

　実店舗での販売やイベントを行う場合は、ユーザーが参加しているということ自体が重要な情報となります。賑わいを伝えたり、来店・参加しているメンバー自体がブランドを形作っていくのです。

　各位置情報サービスに正しい情報を登録したうえで、クーポンなどの特典を用意したり、実店舗内やオウンドメディアで告知したりなどをすることで、チェックインが増え、ブランディング効果も上がるはずです。

　チェックインを絡めたキャンペーンなどもよく行われています。

　例えば、「ロケタッチ×アサヒビールの熟撰を飲んで豪華景品を当てよう！」キャンペーンは、キャンペーン対象店で熟撰の写真付きタッチをすると自動応募により豪華景品が当たるという仕組みでした。これは比較的規模の大きな事例ですが、Facebookチェックインクーポンなら無料で手軽に始めることができます。

　工夫次第では、実店舗やイベント以外でも位置情報サービスをブランディングに使うことは可能なのです。

「ロケタッチ×アサヒビールの熟撰を飲んで豪華景品を当てよう！」キャンペーン

ブログを使ったブランディング

　「ブランディングと言えばブログ」というくらい、アーンドメディアの中でもブログはとても高い効果が期待できます。

　ブログは、

> 開設が無料
> ------
> 検索結果で上位に表示される（SEO対策）
> ------
> 企業や個人の考え、専門性、パーソナリティ、商品・サービスの詳細な情報などを詳細に伝えられる

などのさまざまなメリットがあります。ほかの用途に使う場合も必要ですが、ブランディングを行うなら絶対に必要なものと言えます。

ただし、商品・サービスを宣伝するだけのブログでは継続して読まれません。**ブログのテーマは、専門性があったり、有益な情報だったり、エンターテイメントだったりするものがおすすめです。**

例えば女性の衣料品メーカーなら、メイク、美容、ファッション最新情報など、顧客層が読みたくなるテーマをセレクトします。教育ビジネスなら、教育関連の最新情報、育児でよくあるトラブルの対処法、ママたちの悩み相談などは、顧客層に強くアピールできるはずです。

投稿する記事は外部ライターなどに依頼するのではなく、文章はうまくなくても、商品・サービスについて知りつくしている社員が、自らの言葉で伝えていく方が読まれます。

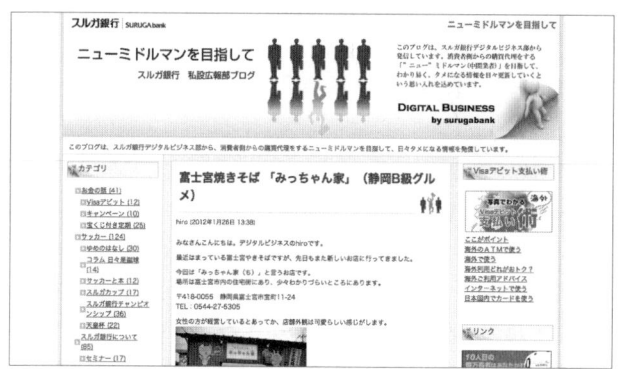

「スルガ銀行 私設広報部ブログ」（http://www.blog-surugabank.jp/surugabank/blog/）では、お金の話はもちろん、地元の地域情報や自社が関係するスポーツの話まで、ユーザーの興味を引く話題がエントリーされている。地域に根ざした業態のため、「地元」という切り口で広くアピールしている

5.3 ソーシャルメディアの広告活用

TwitterやFacebookの広告は、安価で自ら管理でき、ターゲットを絞って出稿できます。それぞれに規模や目的に合わせて広告のタイプを選ぶことができるため、費用や目的と相談しながら検討しましょう。

Facebook広告の種類

　Facebook広告には、自分のFacebookページを広告する広告、イベント広告、外部サイトに関する広告などがあります。ニュースフィードやFacebookページなどの画面の右側に、読み手に合わせた最適な広告が表示されます。Facebookページ内に掲載された広告は、広告に「いいね！」をするとそのFacebookページのファンになる仕組みです。イベント広告の場合は、「このイベントに出欠を返信」と表示され、クリックで出欠の返信ができるようになっています。外部サイトの場合は、クリックすると外部サイトに飛ぶ仕組みです。この他にも、スポンサー記事、プレミアム広告というものもあります。
　特におすすめしたいのはFacebookページの広告です。

Facebook広告の効果が高い理由

　Facebook広告は、ほかのウェブ広告と比べても特に高い効果が期待できる広告です。
　Facebookでは、ユーザーが実名で詳細なプロフィールを登録しているため、この情報に基づき、国・地域などのエリア情報、年齢、性別、婚姻関係、恋愛対象、学歴など細かくターゲットを絞って広告を出稿できます。例えば、「男性、独身、彼女なし、20代、東京在住、ソーシャルメディア好き」のように設定できるので、広告を見てほしい層へピンポイントで告知できるというわけです。
　ただし、日本のユーザー数は増加傾向にあるものの、絞り込みすぎると対象者がほとんどいなくなってしまうことがあるので、予想配信数を見ながら条件を設定していきましょう。

さらにFacebook広告では、ソーシャルグラフが活用できるという利点があります。例えば、Facebookページやイベントの広告では、「○○さんが「いいね！」と言っています」「○○さんが出席する予定です」のように、友達が表示されることがあります。このような広告は**ソーシャルインプレッション**と呼ばれ、友達のおすすめがある分、通常の広告に比べて非常に高い訴求力を持つことがわかっています。

また、Facebook広告の場合は代理店などを挟まず自分で管理できるので、かなり安価にできます。「広告マネージャ」という広告専用の管理画面から情報を確認しつつ、クリック率や予算などを見ながらリアルタイムで条件を変更したり、広告を止めたりすることができます。広告のインサイトで反応率を見ながら広告のクリエイティブなどを変えていくと、最適化も簡単にできます。

ユーザーの行動を広告に変えるスポンサー記事

スポンサー記事は、友達がFacebook内でアクションを起こしたときに表示される広告です。

具体的には、

```
Facebookページに対し「いいね！」をしたとき
アプリを利用し始めたり、それに対して「いいね！」をしたとき
「Facebook スポット」※を使ってお店などにチェックインしたとき
Facebookページのウォールに新規投稿をしたとき
Facebookページの投稿へ「いいね！」したとき
アプリ利用時に情報をシェアしたとき
```

※ Facebook スポット
Facebookの位置情報サービス。登録された店舗情報が確認できる。

などです。

友達がこれらのアクションのプライバシー設定を「すべてのユーザー」などで公開する設定していた場合、あなたのニュースフィードに情報が表示されると同時に、通常の広告と同様、画面の右側にスポンサー記事として表示される可能性があります。なお、カスタマイズによりアクションを非公開設定している場合は、ニュースフィードにも広告にも表示されません。

Facebookユーザーが行うアクション自体が広告となるため、改めて広告を作る必要はありません。また、広告自体も「友達が○○した」ということだけを表示するので、ユーザーにとって一般の広告のような押しつけがましさもありません。そのうえ、ソーシャルグラフを使った広告のため高い効果も見込めるのです。ファン数が多いFacebookページやアプリ、Facebookスポットを使ったチェックインが多い店舗などにはおすすめの広告手法です。

なお、通常のFacebook広告でも「○○さんが「いいね！」と言っています」と表示されます。Facebook広告では広告用のテキストと画像が自由に決められるものの、スポンサー記事はできません。また、Facebook広告ではターゲットを設定して配信先を決められます。スポンサー広告は配信先や文言も決まっていますが、Facebook広告の場合はいずれも自由に決められるという違いがあります。

スポンサー記事を設定するには、Facebookページの右「広告を使って宣伝」をクリックして、「タイプ」で「スポンサー記事」を選び、記事のタイプを選べば配信できます。

プレミアム広告というものもあります。これは、例えばFacebookアプリのPoll※を使ったアンケート項目を広告に組み込んだものなどです。「スタートガイド」をクリックすると「プレミアム」の説明があり、クリックすると申し込めます。

※ Poll
http://www.facebook.com/OpinionPolls

CPCとCPMの違い

Facebook広告の費用について考えましょう。

Facebookでは、あらかじめ広告予算を決めてその額に応じてオークション形式で掲載が行われる仕組みを取っています。

広告の価格設定は2種類あり、それぞれ、

> CPM（Cost Per Mille）　広告を1000回表示するたびに課金される金額
> CPC（Cost Per Click）　ユーザーが1回クリックするたびに課金される金額

となります。

CPMの場合、クリックされるされないに関わらず、表示される

回数は決まっています。例えば、CPMが1,000円の場合1回の表示料金は1円、2,000円であれば1回の表示料金は2円です。クリエイティブに自信があり、見た人がクリックしたくなる広告を用意できるなら、CPMはおすすめです。

　CPCの場合は、クリックされることで予算を使い切るまで広告が表示されます。例えばCPCが100円の場合、広告がクリックされるたびに100円が課金されます。予算の上限を1,000円とした場合、10回クリックされるまで広告が表示されるというわけです。クリエイティブに自信がない場合は、CPCの方がいいかもしれません。

　Facebook広告では、広告の配信を設定するときに、予算（1日の予算と通算予算のどちらか）と最高入札額を指定します。最高入札額とは、CPMの1,000インプレッション、CPCの1クリックに支払う最大額のことです。

　なお、Facebookでは、同一のターゲットに複数の広告主が掲載を依頼した場合、自動的に最高入札額とパフォーマンス（これまでの広告の効果や履歴など）を分析し、最適な広告を表示するようになっています。例えば、広告AはCPCの最高入札額が100円、広告Bは150円とします。この場合、最高入札額が高い広告Bが掲載され、広告Aは掲載されず課金もされないというわけです。ユーザーが広告をクリックした場合、広告Bには、落札に必要な最低金額（この例では101円）が課金されるのです。

　最高入札額を指定するとき、設定したターゲット情報に基づいてFacebookが入札推奨価格を提示します。この価格よりも低い価格にすると、ほかの広告が表示されて自社の広告は表示されない可能性が高いため、推奨価格以上の額で入札するのがおすすめです。

広告の出稿方法

　広告を出稿するには、Facebookページを開いて、右メニューの「広告を使って宣伝」をクリックし、画面に従って作成していくだけです。なお、Facebook広告ではクリエイティブが重要です。画像は中でも注目を集めるのに重要なポイントなので、目を引き

クリックされやすいものを選びましょう。文言は、クリックしたくなるような情報※を盛り込むようにすると、効果が高まります。どちらの場合も、広告マネージャで反応を見ながら設定を変えていくか、複数パターン分用意しておいて反応がよいものを出すようにするなどがおすすめです。

※ クリックしたくなるような情報
今だけ○％オフ、○○の特典あり、○○の情報がわかるなど

Twitterの広告

2011年10月に、日本国内でも、Twitter内広告の販売が開始されました。Twitter上ではpromotedマークとともに表示されており、「プロモトレンド」「プロモアカウント」「プロモツイート」の3種類があります。

プロモトレンドは、Twitter内の流行がわかるトレンド欄の一番上に表示されます。設定したキーワードの形で表示され、ユーザーがキーワードをクリックすると、キーワードやハッシュタグの検索結果ページ、広告主のツイートなどが表示される仕組みです。1日当たり1広告主が利用でき、料金は1日単位で課金されます。

プロモアカウントは、おすすめユーザー欄の一番上に表示されます。広告主がアカウントのフォロワーを増やすための広告であり、ユーザーがフォロワーになった場合に課金され、料金はフォロワー獲得当たり単価（Cost per follow）の入札で決まります。

プロモツイートには、「インサーチ」と「インタイムライン」の2種類があります。

インサーチは、ユーザーの検索キーワードをもとに、検索結果ページの一番上に広告主のツイートを表示します。このツイートに対して、ユーザーがクリック・お気に入り・リツイート・メンションというエンゲージメントを実行した際に課金され、料金は1回当たり単価（Cost per Engagement）の入札で決まります。

インタイムラインは、ユーザーのタイムラインの一番上にツイートを表示します。広告主のアカウントのフォロワー、類似したフォロワーに配信できる仕組みです。ユーザーは広告を非表示することができ、同じ広告ツイートは1ユーザー当たり配信は1日1回限りです。料金はエンゲージメント1回当たり単価の入札で決まります。

6 顧客サポート

事業規模、業種を問わず、さまざまなビジネスで可能なのが、ソーシャルメディアを使った顧客サポートです。顧客とのコミュニケーションを密にすることで、商品開発のヒントにも繋がります。

6.1 顧客サポートとソーシャルメディア

ソーシャルメディアは、ユーザーから声が集めやすく、顧客に対してのサポートにも利用できます。受け身のサポートだけではなく、こちらから働きかける「アクティブサポート」に取り組んでみましょう。

顧客サポートとは

　顧客サポートは、カスタマーサポートとも呼ばれ、ユーザーに対して商品・サービスの不具合についての対応や、使い方のアドバイスなどを行うことを指します。

　ソーシャルメディア上で顧客サポートを行うことには、さまざまなメリットがあります。

> - 不満を持ったユーザーに積極的にアクセスしてサポートできる
> - ユーザーとのやり取りが別のユーザーからも見られるため、多くのユーザーに対して好印象を与えられる
> - ユーザー同士で商品・サービスなどに関して情報交換が行える
> - 一度やり取りされた内容がほかのユーザーからも見られるので効率的

　従来の顧客サポートのように、ユーザーからクレームの電話やメールが届いてから対応するのではなく、**エゴサーチ※して自社の商品・サービスなどの評判をチェックし、不満などがあるユーザーに対して積極的に対応を行うのが、いわゆる「アクティブサポート」**です。これによって、早期に、ユーザーの不満の種を摘み取ることができます。

　ユーザーとのやり取りが外部からも確認できますし、ユーザー同士でもコミュニケーションができるのは、ソーシャルメディアならではです。

　また、通常のカスタマーサポートでは毎回やり取りを一から行わなくてはなりませんが、ソーシャルメディアならほかのユーザーがやり取りした内容を可視化できるため、何度も同じことを繰り返

※ **エゴサーチ**
自社の企業名、商品名、サービス名、個人名などをキーワードに検索を行い、評価を確認すること。

さなくて済み、効率的です。

顧客サポートのポイントと注意点

サポートの方針

　顧客サポートにソーシャルメディアを活用する場合、どのようなスタンスで行うのか、あらかじめ方針を決めておきましょう。

　多くの時間や手間をかけられない場合は、とにかくアカウントを作成し、ブログなどのRSSフィード※をソーシャルメディアへ反映させることから始めます。興味関心のあるユーザーは自ら見つけてフォローしたり、リプライ、メンションをしてくれるので、それに対応していけばいいのです。

※ RSSフィード
サイトの新着記事一覧や更新情報をRSS形式のデータで提供すること。

　もう少し手間をかけられるなら、サポート専用の担当者を決めて、フォロワーとリプライ、メンションやリツイートなどで交流する方法がおすすめです。通常のサポート以上の関係を築くことができます。このように担当者のパーソナリティを前面に出した運営の仕方を、「軟式アカウント」と呼ぶこともあります。NHK広報局（@NHK_PR）、東急ハンズ（@TokyuHands）などが有名です。

軟式アカウントのお手本「NHK広報局（@NHK_PR）」、「東急ハンズ（@TokyuHands）」

　さらに、ソーシャルメディアならではのサポートを行いたいなら、おすすめしたいのは前述のアクティブサポートです。

　例えばソフトバンクの公式カスタマーセンター（@SBCare）では、サービスに対する顧客の不満ツイートを積極的に拾って、メッセージを送ってサポートしています。

　アクティブサポートは、**炎上に繋がるようなユーザーの不満の種を早期に摘み取ることができるだけでなく、商品・サービスの問題**

に早期に気づいて改善することができます。

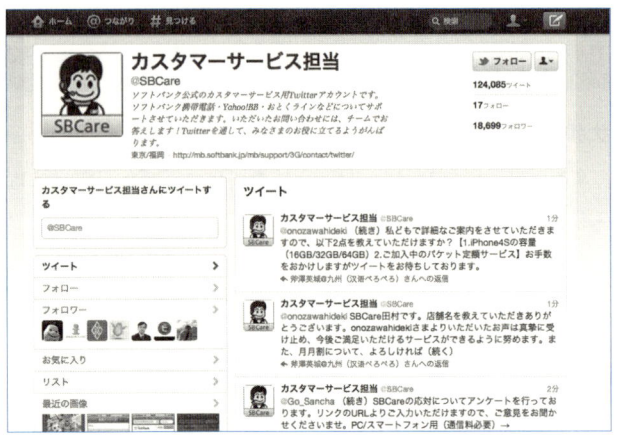

ソフトバンク公式カスタマーセンター（@SBCare）は、アクティブサポートで対応している

ツールを使って効率的にサポート

　顧客サポート、特にアクティブサポートは、ブランディングにも繋がる重要なものですが、**手間と時間がかかります。専属の担当者も必要です**。かかる手間・時間と効果はある程度比例することを覚悟しましょう。

　できるだけ無用な手間を省けるよう、「Cotweet」※などの企業用ソーシャルメディア管理ツールなどを積極的に利用し、効率的に行えるよう工夫しましょう。Cotweetは、チーム単位で例えばTwitterのリプライやメンション、DMなどを管理できるため、忙しいビジネスマンでも効率的にサポートすることができます。

※ Cotweet
http://cotweet.com/

チーム単位のソーシャルメディア管理が行える「Cotweet」

FAQを作る場合は探し出しやすい工夫を

後ほど説明する通り、Facebookページではユーザーからの質問と回答をまとめたFAQを作成できます。これを生かすために、検索できるようにしておくなど、ユーザーが目的の項目を探し出しやすい工夫をするといいでしょう。

コミュニケーションの取りやすいツールを選択

顧客サポートでソーシャルメディアを使う場合は、ユーザーとコミュニケーションが取りやすいものが向いています。TwitterとFacebookのどちらがいいかは、商品やサービス、顧客の属性や特徴によります。

Twitterは、**リアルタイムにユーザーと直接交流できるところが魅力**です。Twitter検索を使えば、アクティブサポートもやりやすいでしょう。前述のソフトバンク公式カスタマーセンター（@SBCare）などがこれに当たります。専用のアカウントを開設し、ユーザーと直接交流しながら社名や商品・サービスなどのキーワードを決めてエゴサーチし、随時に対応していきます。**メンションでサポートする場合は周囲にも真摯な姿勢が伝わり、プラスの波及効果に繋がります**。ただしあまりにツイートが多くなりそうなら、適宜ダイレクトメッセージで対応するなど、対応の仕方を変えましょう。

一方Facebookは、**ユーザーとのエンゲージメントを重視し、FAQの項目を更新していきたい場合に向いています**。ゲーム会社のコナミはFacebookページで顧客サポートを行っていますが、まさにそのような考えからでしょう。検索窓が設置されており、同様の質問、回答がないかユーザー自身が探し出せるようになっています。

コナミのサポート用Facebookページ

取説代わりに動画を活用

商品の取り扱い方法や、設定方法など、あらかじめ問い合わせが多いこと、複雑で言葉だけでは伝えづらいことなどは、YouTubeやUSTREAMなどで動画にして伝える方法もあります。

疑問点がわかりやすい動画を用意しておくことは、通常のカスタマーサポートにかかるコストの削減にも繋がり、おすすめです。

6.2 商品・サービスへの反映と改善

ソーシャルメディアでユーザーの声を集めて行う商品企画・開発が注目されています。これまで膨大なコストが必要だった調査も手軽にできるうえ、参加したユーザーは、商品に対するエンゲージメントが高まるため、おすすめです。

ユーザーの声の役割

近年、ソーシャルメディアを通じた消費者とのコミュニケーションによって、自社の満足度向上に繋げようとする動きが増加しています。

ユーザーの声を集めるためには、従来ならばネットや葉書のアンケート、サンプリング、モニター、試食会などさまざまなことを行い、多額のコストをかけねばなりませんでした。しかも、そのようなことができるのは限られた企業のみで、個人や中小企業などはなかなか取り組めませんでした。

ところが、**ソーシャルメディアを利用することで、小さなコストでユーザーの生の声を集めることができるようになったのです。**ユーザーの声は、商品・サービスなどを改善するために大いに役立ちます。

例えば米DELLでは、「Ideastorm」※と呼ばれる、利用者からの要望やアイデアを募るサイトを公開しました。集まったアイデアを元に、2年間で200件以上（2008年末時点）の商品、サービス改善を実現しています。

また、無印良品は元々自社サイト「くらしの良品研究所」※を通じてユーザーに参加してもらい商品の企画・開発をしていましたが、もっと効率的に行うべくFacebookページを開設しました。「くらしの良品研究所」のコンテンツを活用しつつ、アンケート機能などを使って顧客の意見を集め、商品の企画・開発に生かしています。

Facebookページはコメントを気軽に書き込みやすいため、メールやウェブフォームよりも意見が集まりやすい傾向にあるよう

※ Ideastorm
http://www.ideastorm.com/

※ くらしの良品研究所
http://www.muji.net/lab/

です。ただし、前述の無印良品によるとメールではしっかり書かれていた意見が、コメントでは内容が若干薄くなるケースも多いとのことです。

「Ideastorm」では、実際に製品を利用しているユーザーからの声を集めている

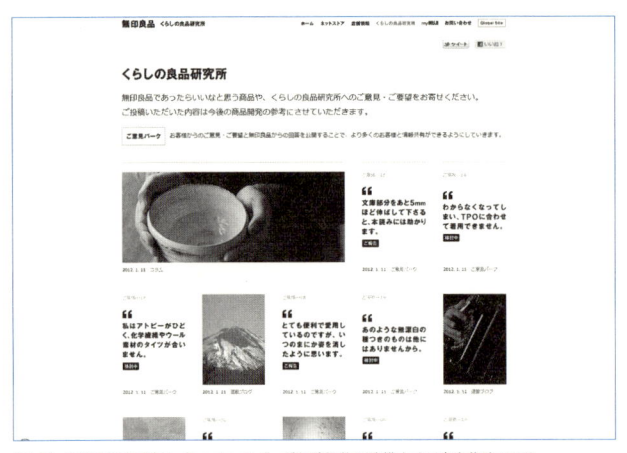

「くらしの良品研究所」は、Facebookページと積極的に連携させて声を集めている

クレームは改善のチャンス

ソーシャルメディアはユーザーの声を集めやすい環境が揃っています。ただし、よい評判だけでなく、**ほかのユーザーには広めたくないようなクレームも同時に集まってしまうこと**もあります。

しかし、これは商品・サービスを改善するチャンスと捉えるべきです。不満を持っているユーザーがいることは事実であり、元々改

善しなければいけないものなのです。

　ユーザーからのクレームを真摯に捉え、誠実に対応し、改善することで、ほかのユーザーにもその姿が認められるようになります。結果的にブランディングにもプラスに働くでしょう。

意見、アイデアが集まりやすい仕組み

　意見やアイデアをメーカーに伝えたいと思っているユーザーは意外に多いものです。しかし、伝えるには手間がかかり、心理的に抵抗があるユーザーもいます。

　そこで、できるだけ意見やアイデアが集まりやすい仕組みを作ることをおすすめします。元々ソーシャルメディアは、気軽にコメントが書きやすくできています。さらにアンケートや投票などの機能を積極的に設置すると、より参加してもらいやすくなるでしょう。その際、インセンティブ※があると、普段は関心の薄いユーザーからのコメントも増えるはずです。

※ インセンティブ
自分の意見が実際に商品になる、商品の試食会に参加できる、○人に○が当たるなど。

ユーザーの声に誠実であれ

　ユーザーから声が寄せられたら、どんなものでも真摯に対応すべきです。**意見を寄せてくれたお礼を伝え、内容に対して誠実に応えるべき**でしょう。

　また、商品・サービスに対してユーザーからの意見、アイデア、アンケート、投票などを集めたら、ぜひそれらの声は反映させたいものです。結果を無視して決めてしまっては、ユーザーを無視することになり、販促に対して逆効果になることがあります。ビジネス上難しいものの場合は、無理に取り入れる必要はありませんが、その場合でも、取り入れられない理由などを伝えることで、ユーザーに与える印象はよくなります。

　重要なのは、ユーザーの声を聞く姿勢そのものなのです。

Twitterで意見を集うなら「おけったー」

※ おけったー
http://oketter.okwave.jp/

　Twitterを使う場合、Q＆Aサイト「おけったー」※などを使うと、意見やアイデアが集めやすくなります。おけったーから回答してもら

うと、Twitterにもハッシュタグ付きで投稿され、意見やアイデアなどが一覧で表示されて見やすく、拡散も見込めるので、おすすめです。

「おけったー」は、Q&Aサイト。Twitterと連携しており、アイデアが集まると同時に拡散も見込める

Facebookの「クエスチョン」を活用

　Facebookでは、「クエスチョン」を使ってアンケートを行えます。**選択肢は自分で用意できるほか、ほかのユーザーが用意することもできる**ので、思わぬ意見が集まる可能性があります。Facebookアプリ「poll」※でも、同様のことができます。

　上記の機能はいずれも、個人アカウントでもFacebookページ名でも、利用できます。Facebookページ名で作成すれば、Facebookページのファン以外でも参加してくれるため、簡単に多くの意見を集めることができておすすめです。副次的に、Facebookページの存在をほかのユーザーに示すことにも繋がります。

※ poll
http://www.facebook.com/OpinionPolls

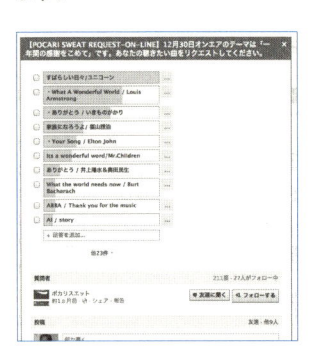

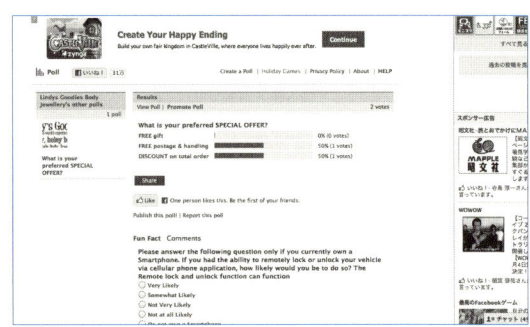

FacebookのクエスチョンやPollを使ってアンケートを実施

ソーシャルメディアを活用した商品開発事例

ソーシャルメディアで商品を企画・開発する例は増えています。

業種は違っても、自社のターゲットユーザーとコミュニケーションがとりやすいソーシャルメディアを使い、意見を集めるところまでは同じです。その後、実際に商品化・販売することで、参加者以外のユーザーの関心や興味も集めることができるため、販促効果はかなり高いと考えられます。試食会への招待など、参加者へのインセンティブを用意してもいいでしょう。

おむすびの具材を人気投票で決めて商品化

Twitterでは、ファミリーマートのおむすびの例があります。「#famimaomusubi」というハッシュタグでユーザーからアイデアツイートを投稿してもらい、特別サイトで人気投票を行いました。数千件を超えるアイデア投稿と人気投票の結果から、「明太チーズと青じそはんおむすび」「味付海苔 牛すき たまごかけごはん風おむすび」「ベーコンチーズおかか焼きおむすび」の3種類が発売されたのです。

ファミマおむすび（http://www.family.co.jp/campaign/twitter_omusubi/）

Facebookページでコンテストを実施

Facebookでは、米 VitaminWaterがFacebookページで新しいフレーバーとラベルのコンテストを行いました。結果、ブラックチ

ェリー&ライムのフレーバーにカフェインと8種類の重要栄養成分が入っている最新フレーバー「Connect」が発売されました。ラベルにはFacebookのロゴと、友達リクエスト、写真などについての詳しい説明が書かれていて、Facebook色を押し出した商品となっています。

Facebook上でラベルとフレーバーを決めるコンテストを実施した

アプリと連動させた商品開発

Facebookを使った、こんな面白い例もあります。

日本の衣料品ブランドであるsatisfaction guaranteed[※]は、Facebookページで「sg gallery」という、コレクションの写真が一覧できるアプリを発表しました。sg galleryには、商品やデザイ

※ satisfaction guaranteed
http://satisfaction-guaranteed.jp/

satisfaction guaranteedのアプリ「sg gallery」

ンなどの写真にそれぞれ「いいね！」が付いています。**既存商品ではなく、これから作るサンプル段階の商品写真や、デザインの写真であり、人気の商品・デザインは実際に商品化される可能性がある**ところがポイントです。

　これなら注目度も高まり、欲しいものに投票しているわけですから、本人が買ってくれる可能性もあります。周囲にも伝播するため、友人が興味を持って購入する可能性にも繋げるというユニークな販促手法です。

mixiも商品開発に利用

　mixiを使った商品の企画・開発も行われています。

　公認コミュニティ「カップ麺開発オーディション」で集めたユーザーのアイデアから、カップ麺「つゆ焼きそば」とカップ春雨「カレーラクサ春雨」などがエースコックから発売されています。

　なお、mixi初の外部に向けたコンテンツである「mixiページ」は、2012年2月時点で約17万程度が作成されています。トップの「mixiポイントプラス」ページで23万人以上、企業ページでは8万6,000人以上が参加する「ローソン」などが人気です。mixiページの実力はまだ未知数ですが、ほかのソーシャルメディアとは異なるソーシャルグラフを持つmixiユーザーへ拡散できる可能性があるため、自社の顧客層がmixiユーザー（20代女性が特に強い）と重なる場合は、利用を検討してもいいでしょう。

エースコックのカップ麺開発オーディション（http://www.acecook.co.jp/mixi/）

7 運用手法と効果測定

ソーシャルメディアで本格的に販促を行うなら、あらかじめしっかりと考えておきたいのが「運用の仕方」です。担当者や運用コストについてあらかじめしっかりと検討しておきましょう。また運用後の効果測定についても合わせて解説します。

7.1 ソーシャルメディア運用のテクニック

ソーシャルメディア販促は一度始めたなら、継続的に運用する必要があります。始める前に運用のスタンス、担当者やコストなどを定めておくことで、安定した運用ができます。

運用前の準備

実際にソーシャルメディアの運用を始めるにあたり、運用方針をあらかじめ定めておくことは重要です。

ここでは、運用前に決めておくべきこと、運用に当たって必要なことをひと通りまとめました。一部繰り返しになる部分もありますが、大切なことなので改めて述べています。実際に運用を開始してから慌てないように、必ずチェックしてから始めましょう。

単位を決める

まず、どんな「単位」でソーシャルメディアで販促を行うのかを決めましょう。

ひとつの商品やサービス、飲食店や小売店、個人など、販促したいものが具体的で単数の場合は、素直にその名称でFacebookページやTwitterアカウントを作成します。一方、商品やサービスなどが複数ある場合は、「企業用」「商品A用」「商品B用」「サービスC用」……など、どの単位でアカウントを作成、運用するのかを考える必要があります。

例えば「企業用」で作成して販促を行う場合、テレビの企業CMと同様、企業全体の告知効果が期待できます。これは企業自体の知名度・認知度・イメージアップなどが目的となります。

一方、販促したい商品やサービスが多い場合は、顧客ターゲット層がばらばらなことも多いため、すべてを「企業用」で対応しようとすると、焦点がぼけてしまいます。そこで、訴求したい「商品A用」「商品B用」「サービスC用」……など、商品やサービスごとに個別にアカウントやページを作成した方が効果的です。これは、

テレビCMでいう商品CMに当たります。

　その他、単体の商品やサービスごとではなく関連するテーマでまとめて行うというやり方もあります。この方法は、あまり知名度がない場合に効果があるでしょう。

　一度始めてしまうと、この前提は簡単には覆りません※。その販促が今後かかる時間や手間などのコストをかけるだけの価値のあるものかどうか、販促が最終的に目指す目標などと合わせてじっくりと考えたうえで決めてください。

　なおTwitterは、イベントや商品、サービスごとにアカウントを作成するやり方と、企業やブランドなどの大きなくくりのアカウントをフレキシブルに運営するやり方ができます。

　前者はサービスごとに特化した運用が可能であり、そのイベント・商品・サービスのファンがフォローしてくれるため、伝わりやすいという特徴があります。ただし、アカウントの数が増えすぎると運用が負担となり、イベントごとにアカウントを作成し直すとその度にフォロワーを募らねばならないという手間があります。

　一方後者は、特定のイベント・商品・サービスにしか興味がないユーザーもフォローできる反面、企業やブランドとイベント・商品・サービスが結び付いていないと、フォロワーが集めづらい可能性があります。一長一短があるので、よく考えて選択するようにしてください。

運用目的とスタンスを決める

　次は、具体的な運用の主目的を決めましょう※。これまでの章で解説したとおり、ソーシャルメディア販促はさまざまな目的に利用でき、二次的な効果も期待できますが、「一番力を入れたいテーマ」は定めておくべきでしょう。売上のアップはもちろんですが、例えば、

> 企業、商品、サービス、個人のブランディング
> ----
> 商品・サービス改善
> ----
> 顧客サポート

※ 前提は簡単には覆りません
ソーシャルメディアには情報が蓄積されていくため、一度ページを作成したら一定のトーンで運営を続ける必要があります。

※ 運用の主目的を決めましょう
運用目的の決め方については「Web担当者Forum Facebookページ実践ガイド（http://web-tan.forum.impressrd.jp/e/2011/09/13/10939）」にも詳しい解説があるので参考にしよう。

などにも使うことができます。

その他、販促に限らなければ、社内コミュニケーション、ソーシャルリクルーティング※などにも使えます。何を目的とすべきなのか、よく考えて決めてください。もちろん目的は複数あってもかまいません。

目的を決めたら、それを達成するために、運用のスタンスも決めておきましょう。

例えばFacebookページでは、主に情報発信をするのか、ユーザーとコミュニケーションをするのか、それともユーザー同士でコミュニケーションができる場を目指すのか、などです。

Twitterでも同様です。主に情報発信をするのか、ユーザーとのコミュニケーションを中心とするのか、ツイートのスタンスは硬式か軟式か※などです。

また、すでに取り組んでいる企業や商品のFacebookページやTwitterアカウントを参考にして、運用スタンスを決めるのもおすすめです。同業種や評判のよいFacebookページやTwitterアカウントは、何かと参考になるものです。必ず事前に調べて、スタンスや投稿・コメント内容などを分析してみましょう。

※ ソーシャルリクルーティング
ソーシャルメディアを使った採用活動。

※ 硬式か軟式か
リリース文のようなかしこまったツイートをするのか、パーソナリティを出したいわゆるゆるツイートなどを行うのか。

ターゲットを決める

単位（フェーズ）の検討とも関連しますが、ソーシャルメディア販促を行うターゲット層を設定しましょう。

自社・商品・サービスのターゲットと同じでもいいし、弱い層への販促に力を入れてアピールする方針もありでしょう。性別、年代、職業など、なるべく具体的に決めておいた方が、その後の販促内容を決める際に軸がぶれずに済みます。

数値目標を決めて定期的に見直す

さまざまな項目ごとに具体的な目指すべき数値を決めておくと、運用する際の目安となります。1ヶ月後、3ヶ月後、半年後、1年後などの具体的な数値目標をあらかじめ決めておくと、それぞれの段階において運用を見直すきっかけとなるでしょう。

具体的には、Twitterなら、フォロワー数、Klout数、RT数、

Twitterから自社サイトへの誘導件数、コンバージョン件数などが考えられます。
　Facebookなら、ファン数、シェアなどの波及数、Facebookから自社サイトへの誘導件数、コンバージョン件数などが考えられます。
　目標値は、目的、商品、ブランドによっても変わってきます。その時々で見直して、目安としましょう。
　これは費用対効果の検証にも関わります。P.210も参考にしてください。

流れを図式化する

　販促を考える場合、何が入口になり、どこで購入や利用に繋げるのかを明確にしておくと、いま足りないところがわかりやすくなります。この流れを図式化して、ユーザーが購入に至るまでの流れがスムーズかどうか、阻害するものはないかなどを検討しましょう。

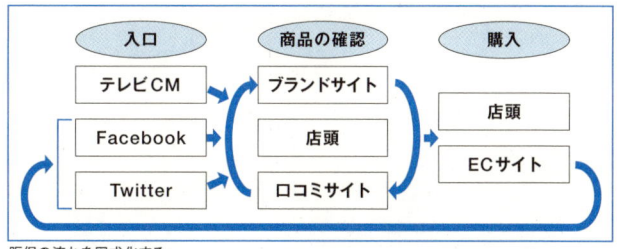

販促の流れを図式化する

　このとき、消費者がある商品を知って購入に至るまでのプロセス（心理的過程）のモデルとして提唱されてきたものが参考になるかもしれません。
　従来は、サミュエル・ローランド・ホール氏による「AIDMA」（Attention（注意）、Interest（関心）、Desire（欲求）、Memory（記憶）、Action（行動））という流れを追うと考えられてきましたが、インターネット時代になり、「AISAS」（Attention（注意）、Interest（興味）、Search（検索）、Action（購買）、Share（共有））という流れをたどると言われるようになりました。最近では、ソーシャル時代に合わせて「SIPS」（Sympathy（共感）、Identify（確認）、Participation（参加）、Share（共有））という

ものも提唱されています。

それぞれ、自社の商品やサービスと照らし合わせながら、どの段階で、どんなソーシャルメディアで、何を行うのかを決めて、図式化してみましょう。

連携するツールやアプリを選択する

アプリやソーシャルプラグインなど、事前に必要なツールを検討しておきましょう。

Facebookページでは目的によって必要なアプリが異なるため、特にアプリ選びは重要です。

例えばキャンペーンなどを行う際には、Wildfireなどの有料アプリを使う必要があります。さらにデザインの変更や、カスタマイズなどにもコストがかかるため、事前に見積りへ加えておきましょう。

Wildfire (http://www.wildfireapp.com/)

運用担当者と運用体制を決める

運用にあたり、ぜひ事前に決めておきたいのが、運用担当者、あるいは運用チームです。さらに、運用時間、運用体制なども合わせて決めておきましょう。

TwitterやFacebookページなどは、24時間体制で更新しなければならないものではなく、対応しない時間帯があってもよいものです。対応時間帯、休日などを決めて明記しておいてもいいでしょ

う。その際、本来のカスタマーサービスに繋がる電話番号やアドレスなどの問い合わせ先も書いておくと、親切です。

運用体制も重要です。1人で担当すると担当者がチェックできないときに問題が起きるので、複数の担当者を用意するか、社内でIDとパスワードを共有しておく必要があります。担当者が見られない場合の対応をチーム内で決めておいたり、1人で担当する場合もサブの担当者は用意しておくといいでしょう。

ソーシャルメディアガイドラインを定める

ソーシャルメディアを運用するにあたり、ガイドラインや運用ポリシーなどを定めている企業が増えています。

ガイドラインは通常、

> **個人情報や企業秘密公開の禁止**
> ----
> **著作権の順守**
> ----
> **誹謗中傷の禁止**
> ----
> **顧客に対して誠実かつ真摯であること**

などの項目が含まれていることが多いようです。

安定した運用のためには、担当者個人の感覚や常識などに任せず、企業内で共通した運用ルールを定める必要があるのです。実際に運用を開始する前に、するべきこと、すべきではないことを盛り込んだ、具体的な運用ルールを明確に定めておくといいでしょう。

同時に、運用を担当しない一般社員も含め、社員全体にソーシャルメディアとの望ましい付きあい方、いわゆるソーシャルメディアポリシーを示しておく必要があります。P.152で述べた通り、ソーシャルメディア上で企業が明らかな状態でトラブルが起きると、たとえアルバイトが行ったことでも企業全体の責任となる可能性があり、イメージダウンに繋がるためです。

ソーシャルメディアポリシーは、実際の運用者だけでなく、一般の社員や契約社員、アルバイトなど、企業に関わる従業員全員を対象としたものです。

内容は、企業の業態や目指すものなどによっても変わってきます。

わかりやすいものにするために、抽象的な文言だけでなく、具体的な事例を豊富に盛り込むべきでしょう。定めた後は、従業員全員への周知・教育の徹底を行いましょう。

運用ガイドラインは、実際の運用担当者のためのガイドラインでありルールです。ソーシャルメディア上で公開していい情報、いけない情報は、事前に明確にしておく必要があります。

また、各ソーシャルメディアごとの具体的な運用のガイドラインが決まっていると、担当者は運用しやすくなります。例えばTwitterやFacebookページの投稿内容と回数、Twitterならフォロー方針、コメントへの対応など、ざっくりした目安を決めておいてもいいでしょう。

コンテンツのテーマを決める

日々更新するコンテンツの内容は、事前に決めておく必要があります。

自社サイトやブログなどにある記事、動画、画像など、既存のコンテンツと合わせて更新できるものがおすすめです。同じ内容でも、Facebookでは写真も使ってある程度の分量を使って詳細に伝え、Twitterでは要点を短くわかりやすくして詳細はFacebookページの該当記事へのリンクを貼るなど、ソーシャルメディアごとに適した形に加工して投稿することで、手間も少なく充実したものになるでしょう。

P.130で述べた通り、ユーザーはビジネスアカウントに対してお得な情報を求める傾向にあります。

最新商品の情報はもちろん、商品開発の裏話、お買い得情報などの安く手に入れる方法のほか、使い方のコツ、裏技、美味しい食べ方、組み合わせ方など、その商品をさらに楽しむためのプラスα情報もおすすめです。例えば食品のパッケージに「○○を美味しくアレンジするレシピ」などが載っていることと同様です。

単なる商品情報のみでなく、ファンやフォロワーが興味を引きそうな、また一定数のファンがいることがわかっているテーマを選んで投稿していきましょう。

ファンを増やすための告知方法

IMJモバイルが行った「Facebookに関する企業とユーザーの意識調査」によると、Facebookページ閲覧のきっかけ※は、上位から、

※ 閲覧のきっかけ
ウェブサイトでの告知や友達や知人の「いいね！」「シェア」の方が効果が高い点に注目。

企業やブランドのWebサイトを見て	38.0%
キャンペーンでFacebookが使われているのを見て	30.4%
その他のウェブサイトを見て	25.7%
友人・知人が「いいね！」「シェア」を押しているのを見て	17.5%
自発的に検索して	16.2%
友人・知人から聞いて	10.6%

（出典：IMJモバイル）

となっています。

　企業やブランドのウェブサイトなど、オウンドメディアでの告知、キャンペーンでの告知効果がかなり高いことがわかります。

　また、「いいね！」や「シェア」など、口コミも効果が高いことがわかっています。ファンを増やすためには、これらのことに取り組むと効果が出やすいでしょう。

　ちなみに、テレビCM、雑誌などのマスメディアから知った割合は以下の通りです。マスメディアも効果がありますが、口コミの方が効果が高く、これを狙う仕掛けは重要なのです。

雑誌を見て	8.3%
テレビ番組を見て	6.3%
テレビCMを見て	4.3%

（出典：IMJモバイル）

　ただし、これには条件があります。口コミや拡散が発生するためには、ある程度の母数が必要となります。

　そのある程度の母数を集めるためには、オウンドメディアからの誘導かマスメディア、ソーシャルメディア内の広告などを使います。

段階に合わせて適宜告知を行いましょう。これはTwitterでも同様です。

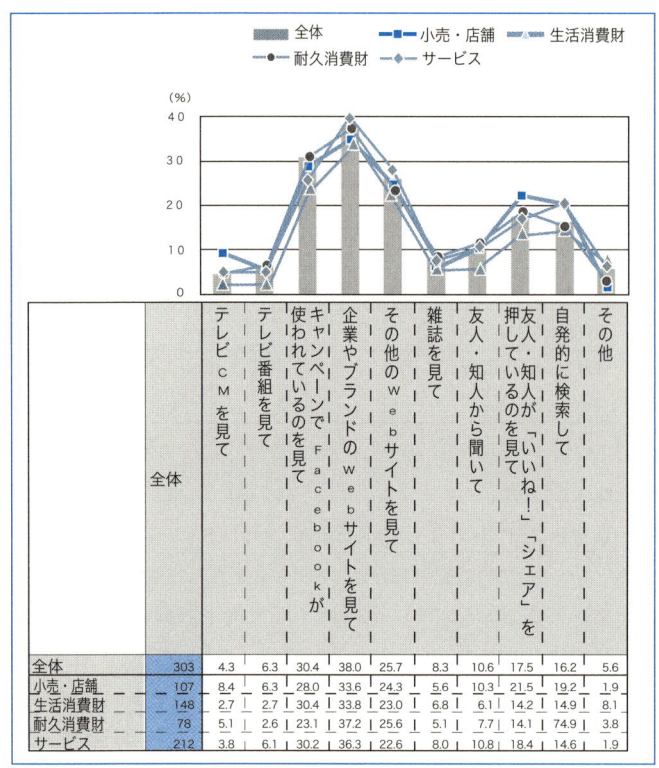

		テレビCMを見て	テレビ番組を見て	キャンペーンで使われているのを見て	企業やブランドのFacebookを見て	その他のwebサイトを見て	雑誌を見て	友人・知人から聞いて	友人・知人が「いいね!」「シェア」を押しているのを見て	自発的に検索して	その他
全体	303	4.3	6.3	30.4	38.0	25.7	8.3	10.6	17.5	16.2	5.6
小売・店舗	107	8.4	6.3	28.0	33.6	24.3	5.6	10.3	21.5	19.2	1.9
生活消費財	148	2.7	2.7	30.4	33.8	23.0	6.1	14.2	14.2	14.9	8.1
耐久消費財	78	5.1	2.6	23.1	37.2	25.6	5.1	7.7	14.1	74.9	3.8
サービス	212	3.8	6.1	30.2	36.3	22.6	8.0	10.8	18.4	14.6	1.9

企業Facebookページ閲覧のきっかけ(複数回答)(出典:IMJモバイル)

双方向コミュニケーションを意識する

　ソーシャルメディアには独特の作法があり、やり方を間違うと、嫌われ者となってしまいます。

　ソーシャルメディアは、TVや新聞、雑誌などのマスメディアとまったく違うものです。マスメディアは、一方的にユーザーに伝えたい情報を伝えます。しかし、ソーシャルメディアは、双方向のコミュニケーションが求められる場です。Twitterの場合は、個人ユーザーも企業も同じく1アカウントを持ち、同じ目線でのコミュニケーションが求められます。Facebookは既存のホームページのように企業側から発信できますが、やはりユーザーからのアクション

には応える必要があります。

この違いを意識せずにソーシャルメディア上で一方的な発信をしたり、ユーザーの声に耳を傾けなかったり、無視したりすると、ユーザーから反発を食らうことになります。

ときどき、ソーシャルメディア上で、「このアカウントではコメントやメッセージなどにお返事できません」などと断り書きがあるものがあります。しかし、それではソーシャルメディアである意義はなく、効果も上がりません。

ソーシャルメディアでは、「傾聴」「コミュニケーション」が何よりも重要であり、それができないのであればソーシャルメディアではなくマスメディアを使った販促を行うべきと認識しましょう。

検索結果の最適化を行う

BrightEdge社の調査によると、Fortune500[※]の上位200社のほぼ100％が企業名で検索した場合は自社サイトのトップページか、それに近い検索結果だったのに対し、ソーシャルメディアアカウントは全体の約3割しか検索結果の上位20位以内に表示されませんでした。

せっかくソーシャルメディア販促に力を入れても、これでは効果が十分に発揮できません。基本的なことですが、SEO対策はとても重要です。

SEO対策として、以下のことができます。

※ Fortune500
米フォーチュン誌が、年1回その年の総収入に基づきランキング形式で発行する企業リスト。

> FacebookページのURLを独自のものに変える
> ―――――――――――――――――――――
> ページ名は検索されやすいキーワードに工夫し、Facebookページの説明文などに商品・サービス名、関連情報などを入れる
> ―――――――――――――――――――――
> オウンドメディアへリンクを貼る

FacebookページのURLは、ファン数が25名以上集まったら独自ドメインに変えることができます。ファン数が十分集まっているFacebookページでも、変えないままにしているところも多いですが、ユーザーに知らせる際にも短くてわかりやすい独自ドメインの取得は重要です。なお、変更は一度しかできないので、よく

考えて決めましょう。

　Facebookページは、ページ名、ページの説明文ともに、検索の対象となります。通常のSEO対策と同様、検索されやすいもの、企業名、商品名、サービス名、関連情報などを入れるようにしましょう。

　もちろん、公式サイトなどからのリンクも重要です。

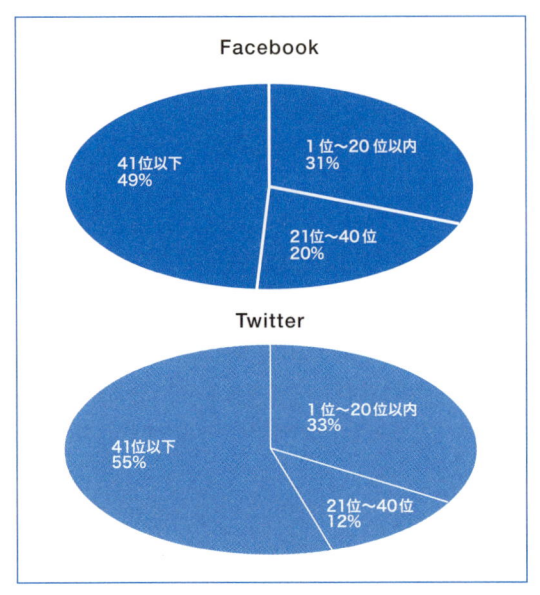

Facebook
- 1位～20位以内 31%
- 21位～40位 20%
- 41位以下 49%

Twitter
- 1位～20位以内 33%
- 21位～40位 12%
- 41位以下 55%

Fortune500の上位200社による「企業Facebookページ」検索結果ランキング（出典：BrightEdge）

"フォロワーやファンは多い方がよい"は嘘

　TwitterやFacebookは、アカウントを作成すればフォロワーやファンが自然に増えるということはありません。すでに多くの顧客を抱えている大企業や有名ブランドでも、ただ作成しただけではファンやフォロワーの増加には限界があるため、増やすための努力は必要です。

　オウンドメディアからの誘導、ソーシャルメディア上の広告などを使った告知、マスメディアによる告知などを行って、フォロワーやファンを集めましょう。ソーシャルメディアを使ったキャンペーンなども有効です。

ただし、販促効果を上げるためには、フォロワーやファンはある程度必要ですが、単に多ければいいというわけではありません。自社や商品・サービスに興味がないフォロワーやファンでは、投稿を読んでくれたり、拡散なども期待できず、販促にあまり意味がないのです。
　フォロワーやファンの数ではなく、リツイートやメンション、シェアやコメントなど、エンゲージメントが重要です。測定するには、インサイトのほか、KLOUTなどのサービスが使えます。

「KLOUT」（http://kloute.com/）で、Klout指数を測定することで、ソーシャルメディア上の影響力を測定

7 運用手法と効果測定

7.2 費用対効果の測定

ソーシャルメディア販促は費用対効果がわかりづらいものですが、集められる各数値を使って計算したり、ツールを利用することで、ある程度の費用対効果を測ることができます。

費用対効果測定の重要性と課題

ソーシャルメディア販促を行ううえで重要なのが、費用対効果の測定です。しかし、測定は非常に難しく、多くの課題を抱えています。

ソーシャルメディアの公式アカウントを保有し、通常業務で運

1位 2位 3位 (%)

	Twitter	Facebook	mixi	YouTube	ブログ	Ustream	Mobage	GREE
営業上の効果が見えない	↗30.4	↗33.3	↗34.2	↗31.5	↗23.6	↗28.9	35.3	42.9
人材が不足している	↘27.3	↗23.8	↗27.6	↗24.7	↗23.0	↗35.6	29.4	28.6
何を基準に効果測定すればいいかわからない	↗21.3	↗22.9	15.8	↘21.2	16.2	20.0	23.5	21.4
教育・トレーニングが不足している	20.6	21.9	13.2	17.8	14.2	17.8	11.8	14.3
投稿のネタがない	19.4	21.0	↗17.1	19.9	↗27.0	↗22.2	17.6	17.9
ユーザーとのコミュニケーションが難しい	15.4	20.0	↗17.1	14.4	11.5	↗22.2	17.6	14.3
どういう情報発信をすべきかわからない	14.2	12.4	11.8	15.1	9.5	13.3	17.6	21.4
炎上を経験した・炎上の不安がある	12.3	13.3	13.2	6.8	10.1	8.9	5.9	14.3
社内の協力が得られない	11.1	10.5	7.9	10.3	6.8	11.1	5.9	10.7
フォロワーやファンや視聴者が増えない	10.7	9.5	10.5	8.2	10.8	13.3	11.8	10.7
上司・トップの理解が得られない	9.5	9.5	6.6	6.8	8.1	6.7	11.8	10.7
運営予算が足りない(もっと予算があれば効果が期待できる)	7.9	12.4	11.8	12.3	9..5	15.6	17.6	14.3
適切な外部パートナーがいない	7.5	13.3	10.5	7.5	4.7	6.7	17.6	14.3
何が課題かわからない	6.3	3.8	7.9	7.5	9.5	2.2	5.9	10.7
その他	0.8	0.0	0.0	0.7	0.7	2.2	0.0	0.0

企業におけるソーシャルメディア活用状況に関する調査結果(出典:NTTレゾナント/ループス・コミュニケーションズ)

用する立場にある企業の担当者を対象に行った第3回「企業におけるソーシャルメディア活用状況に関する調査結果」（出典：NTTレゾナント／ループス・コミュニケーションズ）によると、ソーシャルメディア運用上の課題は表のように、「営業上の効果が見えない」「何を基準に効果測定すればいいかわからない」が1位、3位を占めたのです。ちなみに2位は人材不足と投稿ネタ不足、ユーザーとのコミュニケーションの難しさなどでした。

　ソーシャルメディアは長期的視点で見て販売促進に効果が現れるものです。数値で表せる定量効果だけでなく、数値で見えづらい定性効果が大きいところが特徴です。短期的視点では数値などのわかりやすい指標では測りきれないところが、企業として取り組みにくいと言えます。

　ビジネスとして投資するからには、リターンがなければ継続が難しいのも事実です。ここでは、現在定量的な数値として、測れるコスト、リターンの計測方法、ツールなどについてまとめます。

　ちなみに一般的には、投下した資本がどれだけの利益を生んでいるのかを計る際に、ROI※が使われます。主に、企業の収益率や、事業における投下した資本の運用効率を図る際に使われるものです。ROIは、

※ ROI
return on investment：投資利益率

```
ROI＝利益÷投資額×100
```

という計算で求められます。ソーシャルメディア販促の場合は、このような単純な公式では求められないため、測定する際にはひと工夫必要です。

コストを見積ろう

　どんな販促活動をするうえでも、かかるコストの見積りは重要です。

　まず、コストの種類を考えましょう。人件費、教育費、技術費、サーバー費、コンテンツ制作費、アプリケーション利用費・開発費、キャンペーン費、広告費……などになります。

必要なコストは、販促の目的によって異なりますが、目的のためには何が必要か、いくらかかるのか、リストアップしてそれぞれを見積もり、予算を立てておきましょう。

目標設定と効果測定

ソーシャルメディアのROIの測り方には諸説あります。

例えば「2011Social Marketing Benchmark Report※：Reseach and insghts on the monetization of social marketing for ROI」によると、企業のソーシャルメディアマーケッターは、以下のものをリターンとみなすとしています。

※ コンバージョン獲得数
参考：http://socialmediaexperience.jp/3915

ソーシャルマーケティングプログラムによって発生した実際の売上	62%
ソーシャルマーケティングプログラムによって増加したWebサイトのトラフィックの見積り価値	49%
ソーシャルマーケティングプログラムによる新しい見込み顧客（リード）の見積り価値	47%
ファン数、フォロワー数、購読者数のようなソーシャルメトリックの量の見積り価値	34%
ブランドの印象（ポジティブ/ネガティブ）、認知度のようなソーシャルメトリックの品質の見積り価値	24%
ソーシャルマーケティングプログラムによる顧客獲得、顧客サポートの費用削減	13%

このうち、ソーシャルマーケティングプログラムによって発生した実際の売上と、顧客獲得、顧客サポートの費用削減は数値的に測れて、わかりやすいものなので問題ありません。

一方、トラフィック、見込み顧客情報、ファン・フォロワー数、ブランドの認知度や好感度などは、一度何らかの方法で金銭的価値に換算したうえで、計算しています。

ソーシャルメディアでは、認知度や好感度の向上など、数値化できないものも目標とされるため、インプレッション、クリック数、ク

※ コンバージョン獲得数
会員登録・資料請求・商品購入など。

リック率、ユニークユーザー数、PV数、コンバージョン獲得数※・コンバージョン獲得率などの、ウェブの指標をそのまま使うことはできません。

　クリック数やPV数、コンバージョン数などはただの途中経過であり、結果ではありません。つまり、クリック数やPV数などの数値だけで測るのではなく、それによって実際の目的、つまり認知度や好感度などがどれくらい上がったのかを測定する必要があるのです。

　目的別の測定の仕方と推奨ツールは、以下の通りです。

販売促進が目的の場合

　ECサイトに連動させ、販売促進を目的とした場合、クリック率はどうか、コンバージョン率はどうか、売上がどれくらい伸びたのかなどが重要となります※。具体的な数値で測りやすいケースです。

　基本的に、

※ 売上がどのくらい伸びたのかなどが重要となります
効果測定の方法やツールについては、ITMedia エンタープライズ「企業とTwitterの向き合い方（http://www.itmedia.co.jp/enterprise/articles/0911/10/news003.html）」にも詳しい解説があるので参考にしよう。

```
販売商品の粗利益＝
販売商品の総利益－（広告宣伝費＋キャンペーン費＋アカウント運用費）
```

となり、粗利益が増えるほど効率がよいことになります。

```
クリック率＝フォロワー数÷URLクリック数
　　　　　　ファン数÷インタラクション数
```
Twitter / Facebook

```
コンバージョン率＝URLクリック数÷コンバージョン数
　　　　　　　　　インタラクション数÷コンバージョン数
```
Twitter / Facebook

集客、来店が目的の場合

　ソーシャルメディアを使っての集客・来店を目的とした場合、最終的目的がウェブ上ではないので、計測の仕方が異なります。例えば、以下のようになるでしょう。

> 販売商品の粗利益＝
> 販売商品の総利益－（広告宣伝費＋キャンペーン費＋アカウント運用費）

粗利益の数値が増えるほど効率がよいことになります。

> 集客率＝販促前来客集÷販促後集客数

ブランディングが目的の場合

企業、個人、商品・サービスなどについてのブランディングを目的とした場合、ファンやフォロワーがどれくらい自社について言及・シェアなどをしたか、認知度や好感度は上がったかなどが重要とされます。

例えば、

> エンゲージメント率＝フォロワー数÷リプライ数　　　`Twitter`
> 　　　　　　　　　ファン数÷インタラクション数　　`Facebook`

> インフルエンス率＝ツイート数÷リツイート数　　　　`Twitter`
> 　　　　　　　　　投稿数÷インタラクション数　　　`Facebook`

> 好感度スコア＝自社などに対するツイート数÷自社などに
> 　　　　　　　対するポジティブツイート数　　　　　`Twitter`
> 　　　　　　　自社などに対するインタラクション数÷自社
> 　　　　　　　などに対するポジティブインタラクション数　`Facebook`

などで測ることができるでしょう。

商品・サービス改善が目的の場合

最終目的は、ユーザーの声をどれくらい集めるか、それによって如何に改善できるかということです。

そこで、

> フィードバック率＝
> 販促前のユーザーからの意見数÷販促後のユーザーからの意見数

などによって測ることができるでしょう。

サイト誘導が目的の場合

　ソーシャルメディアから自社サイトへの誘導件数、コンバージョン件数などで測れます。中ではわかりやすく数値で判断しやすいもののひとつです。

クリック率＝フォロワー数÷URLクリック数
　　　　　ファン数÷インタラクション数　　　　　　　　Twitter / Facebook

エンゲージメント率＝販促前PV÷販促後PV

顧客サポート

　顧客サポートでは解決数や満足した数、これによって減少したカスタマーサポートコストなどで測ることができます。その他、ブランドイメージを調査したり、販売機会損失や解約防止を見積もりに入れてもいいでしょう。

解決率＝相談数÷解決数

顧客満足度＝アンケート回答総数÷アンケート結果「満足」数

コストパフォーマンス＝
ソーシャルメディアカスタマーサポート開始前カスタマーサポートコスト÷
開始後カスタマーサポートコスト

　その他、目的によって指標や測定方法を検討して測定しましょう。

7 運用手法と効果測定

測定ツールの紹介

測定ツールはさまざまなものがあります。それぞれ対応するソーシャルメディアや測定できるものが異なるため、目標によって使うツールを選びましょう。

Twitter／Facebookで使えるツール

bitly

URL
https://bitly.com/
特徴
短縮URLを使う際に利用すると、リツイート数やクリック率などがわかる

Salesforce.com

URL
http://www.salesforce.com/jp/
特徴
電話やメール、Twitter や Facebookなどのソーシャルメディアなどをすべて一元管理し、その場で使いたいツールを使って顧客サポートできるツール。有償

クチコミ係長

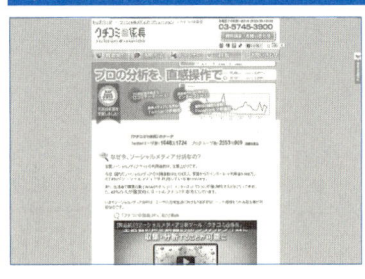

URL
http://www.hottolink.co.jp/kakaricho/
特徴
acebook・Twitter・2ちゃんねる・ブログなど多岐にわたるクチコミが分析できるツール。Facebookページだけでなくfacebookの個人ページも分析したり、テレビなども含めたクロスメディア分析※も可能。有償

※ クロスメディア分析
メディアごとの相関関係を確認すること。

ブームリサーチ

URL
https://boomresearch.tribalmedia.co.jp/
特徴
Facebook、Twitter、2ちゃんねる、国内主要Q&Aサイトなどにおける評判分析ができる。クロスメディア分析※なども。有償

Logitter

URL
http://www.logitter.net/
特徴
TwitterやFacebookなどさまざまなソーシャルメディアを一元管理でき、効果測定もできるツール。ネガポジ判定機能などでトラブルを早期発見可能。有償

KLOUT

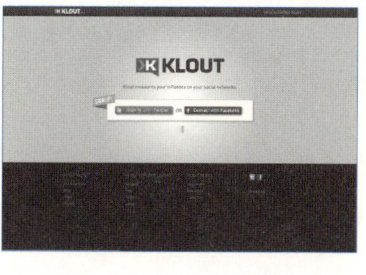

URL
http://klout.com/
特徴
witter、Facebookなどのアカウントの影響力を測れるサービス。アカウントタイプやインフルエンサー※などが分析できる

※ インフルエンサー
影響を及ぼす人物のこと。

Hootsuite

URL
http://hootsuite.com/
特徴
Twitter、Facebookなど複数のソーシャルメディアのクライアントサービス。効率的に複数のメディアに投稿可能。時間指定の予約投稿、キーワード追跡、統計機能なども備えている

Social Insght

URL
http://social.userlocal.jp/
特徴
Facebook、Twitter、mixiページ、Google+、YouTubeなどが解析できるツール。FacebookページやTwitterの管理も可能。有償

Twitterで使えるツール

tweetfeel
URL
http://www.tweetfeel.com/

twitrratr
URL
http://twitrratr.com/

tweetsentiments
URL
http://tweetsentiments.com/

特徴
ツイートのネガポジ判定ができるため、好感度などが測れる

コミュニケーションエクスプローラー

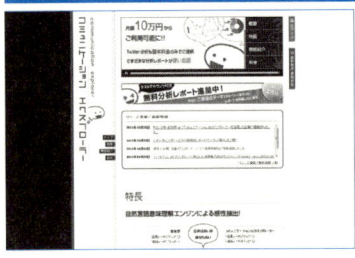

URL
https://cocomimi.jp/
特徴
ツイートのネガポジ判定ができるため、好感度などが測れる。ブログや2ちゃんねる、レビューサイトやニュースサイトも対象。有償

なずきのおと

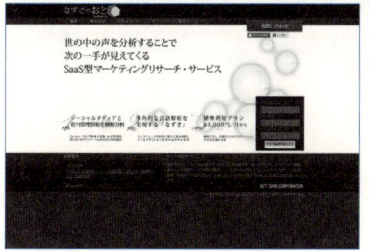

URL
https://nazuki-oto.com/
特徴
ツイート上の評判分析ができる。社内情報の収集/整理も可能。有償

topsy

URL
http://topsy.com/
特徴
Twitter内のリツイートに重きを置いて検索結果を表示する検索エンジン。自社や他社などのリツイート回数などがわかる

Polldaddy

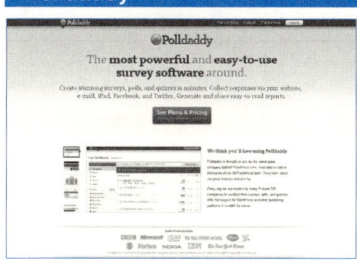

URL
http://polldaddy.com/
特徴
Twitter連動型アンケートサービス。ユーザーの声を手軽に集められる

twtpoll

URL
http://twtpoll.com/
特徴
Twitterを使ってアンケート調査が実施できるツール。結果はグラフ化して表示される。顧客満足度などが測れる

見える化エンジン

URL
http://www.pa-consul.co.jp/LP_mieruka-social/
特徴
ツイートによる販促効果をビジュアル的に見せてくれるツール。ブログや掲示板、テレビなども対象。有償

adly

URL
http://adly.com/
特徴
Twitterアカウントのフォロワー解析サービス。フォロワーのうち影響力がある人物や男女比などがわかる。さらに詳しい情報は有償

Facebookで使えるツール

Facebook Engagement check tool

URL
http://facebook.boo.jp/application/engagementChecker/
特徴
Facebookで重要とされるエンゲージメント率を計測できるツール

ファン解析ツールFantastics

URL
http://solution.gaiax.co.jp/socialmedia/analysis
特徴
Facebookページ分析、効果測定、自社ファンを分析し本当のファンを抽出する機能も。有償

AllFacebook

URL
https://www.allfacebookstats.com/

特徴
Facebookページの詳細な分析が可能。競合のFacebookページ分析もできるため、競合他社と比べたKPIの設定が可能。有償

INDEX

■記号/アルファベット

#	62	Like Box	102	■あ		
@	44	Like Button	100	アーリーアダプター層	34
Activity Feed	101	Live Stream	104	アーンドメディア	40
AIDMA	201	Login Button	102	アクティブサポート	184
AISAS	201	mixi	46	アクティブユーザー	95
API	45	O to O	13	足あとスパム	25
Bing	10	Poll	180,192	アンケート	69
bot	170	Recommendations	102	イノベーター理論	34
Comments	101	Registration	103	イベント	68,156
Cotweet	186	ReTweeter!	70	インサーチ	182
CPC	180	ROI	211	インサイト	94
CPM	180	RSS Graffiti	99	インタイムライン	182
ECサイト	128	RSSフィード	185	インタラクション	95
Facebook	45,74	RT	44	インタレストグラフ	52
Facebook広告	178	Send Button	100	インフルエンス率	214
Facebookコネクト	138	SEO	11,207	ウィジェット	71
Facebookページ		SIPS	201	運用コスト	30
	74,83,172	Subscribe Button	101	運用ポリシー	203
		Togetter	68	エゴサーチ	184
Facepile	103	TweetDeck	9	エッジランク	77,173
Foursquare	48	Tweetvite	68,156	エンゲージメント	35,215
Fコマース	137	twitraq	52,69	炎上	29
Google Adsense ID	121	Twitter	44,52	炎上マーケティング	147
Google+	47	Twitterプロフィール検索	60	オウンドメディア	40
Googleアドワーズ	32	Twitterボタン	70	おけったー	69,191
GPS	48	USTREAM	50,121		
Hivelo Social Apps	99	Wi-Fi	115	■か	
Hootsuite	9	Wildfire	98	解決率	215
HTML5	105	XFBML	105	ガイドライン	203
iFrame	105	YouTube	50,115	クエスチョン	81,192
KLOUT	171	YouTube for Pages	142	クリック率	213,215

検索結果の最適化	207		パートナープログラム	121	
検索ランキング	10		バイラル効果	33	
好感度スコア	214		ハッシュタグ	62	
顧客満足度	215		フィードバック率	214	
コロプラ	161		フィッシング詐欺	25	
コンバージョンレート	137,213		フォロー	44	
			フォロー返し	60	
■さ			フォロワー	60	
集客率	214		ブランディング	164	
承認制	26		ブログ	176	
製品関与マップ	36		プロモアカウント	182	
ソーシャルインプレッション	179		プロモーションガイドライン	76	
ソーシャルグラフ	52		プロモツイート	182	
ソーシャルプラグイン			プロモトレンド	182	
	12,70,100		ペイドメディア	40	
ソーシャルメディア	8				
			■ま		
■た			メンション	44	
チェックイン	82		文字認証制	26	
チェックインクーポン			モバツイ	64	
	83,114,153				
ツイート	56		■や		
ついっぷる	64		ユーザー層	34	
トラフィック	8		ユニークビジター数	9	
トリプルメディア	40				
			■ら		
■な			リスト	62	
ニコニコ動画	5		リツイート	70	
			リプライ	44	
■は			ロケタッチ	48,107,160	
パーソナライズ	11		ロケタッチオーナーズ	111	

［著者プロフィール］

高橋 暁子
ITジャーナリスト、コンサルタント。SNSなどのウェブサービス、情報モラル教育などを得意とする。書籍や記事の執筆の他、携帯電話やSNSなどをテーマに講演、セミナー、企業のソーシャルメディアコンサルタントなどを行う。『Facebook×Twitterで儲かる会社に変わる本』（日本実業出版社）、『Facebookで就活に成功する本』（自由国民社）、『仕事ができる・広がる！はじめてのLinkedIn』（ソシム）など著作多数。
http://akiakatsuki.com/

［STAFF］

装丁・本文デザイン：溝端 貢
DTP：株式会社 グレイド

Facebook＋Twitter販促の教科書
ふぇいすぶっく ぷらす ついったー

2012年3月13日 初版第1刷発行

著　者	高橋 暁子（たかはし あきこ）
発行人	佐々木 幹夫
発行所	株式会社 翔泳社　（http://www.shoeisha.co.jp）
印刷・製本	日経印刷 株式会社

© 2012 Akiko Takahashi

○本書は著作権法上の保護を受けています。本書の一部または全部について（ソフトウェアおよびプログラムを含む）、株式会社 翔泳社から文書による許諾を得ずに、いかなる方法においても無断で複写、複製することは禁じられています。
○本書へのお問い合わせについては、2ページに記載の内容をお読みください。
○落丁・乱丁はお取り替えいたします。03-5362-3705までご連絡ください。

ISBN978-4-7981-2527-5 Printed in Japan